Allan Backer

Mudras Sagrados
A Linguagem Secreta da Energia Vital

**Título Original:** Sacred Mudras

Copyright © 2025, publicado por Luiz Antonio dos Santos ME. Este livro é uma obra de não-ficção que explora práticas e conceitos no campo da espiritualidade e do bem-estar integral. Através de uma abordagem detalhada, o autor oferece orientações sobre como utilizar os Mudras para alcançar equilíbrio emocional, físico e espiritual.

**1ª Edição**
**Equipe de Produção**
Autor: Allan Backer
Editor: Luiz Santos
Capa: Studios Booklas
Diagramação: Elisa Marone
Tradução: Rafael Lemos

**Publicação e Identificação**
Mudras Sagrados
Booklas, 2025
Categorias: Espiritualidade/Bem-estar/Práticas Holísticas
DDC: 204.4 | CDU: 294.342

**Todos os direitos reservados a:**
Luiz Antonio dos Santos ME / Booklas
Nenhuma parte deste livro pode ser reproduzida, armazenada num sistema de recuperação ou transmitida por qualquer meio — eletrônico, mecânico, fotocópia, gravação ou outro — sem a autorização prévia e expressa do detentor dos direitos de autor.

# Sumário

Prólogo .................................................................................. 5
Capítulo 1 Mudras ................................................................. 7
Capítulo 2 Energia Vital ...................................................... 13
Capítulo 3 Corpo Energético ............................................... 19
Capítulo 4 Mudras Fundamentais ....................................... 25
Capítulo 5 Respiração Consciente ...................................... 31
Capítulo 6 Postura e Alinhamento ...................................... 37
Capítulo 7 Concentração e Foco ......................................... 44
Capítulo 8 Mudras para Ansiedade ..................................... 51
Capítulo 9 Mudras para o Estresse ..................................... 57
Capítulo 10 Mudras para Depressão ................................... 63
Capítulo 11 Mudras para Insônia ........................................ 69
Capítulo 12 Mudras para a Dor ........................................... 75
Capítulo 13 Mudras para Digestão ...................................... 81
Capítulo 14 Mudras para Energia ....................................... 87
Capítulo 15 Mudras para Imunidade ................................... 93
Capítulo 16 Mudras para o Amor ....................................... 99
Capítulo 17 Mudras para Prosperidade ............................. 105
Capítulo 18 Mudras para Criatividade .............................. 111
Capítulo 19 Mudras para Intuição ..................................... 117
Capítulo 20 Mudras para Meditação ................................. 123
Capítulo 21 Mudras e Mantras .......................................... 129
Capítulo 22 Mudras e Visualização .................................. 135
Capítulo 23 Mudras e Cristais ........................................... 141
Capítulo 24 Mudras na Yoga ............................................. 147

Capítulo 25 Mudras para Autocura ............................................. 153
Capítulo 26 Mudras para Curar Outros ..................................... 159
Capítulo 27 Mudras Avançados ................................................. 165
Capítulo 28 Mestre Interior ........................................................ 172
Epílogo ....................................................................................... 178

# Prólogo

Permita-me uma breve confidência: raramente cruzamos com uma obra que nos convide a tão profunda transformação quanto a que você tem agora em mãos. Este livro não é apenas um compêndio de gestos ou tradições esquecidas; ele é um portal, uma chave para um universo vibrante e intrincado de energia vital que permeia tudo o que existe. Ao abrir estas páginas, você não estará simplesmente lendo – estará entrando em um diálogo íntimo com o poder do invisível.

Os Mudras, os gestos ancestrais descritos com maestria aqui, não são meros símbolos ou movimentos. Eles carregam consigo séculos de sabedoria universal, um eco de culturas que entenderam, como poucas, a dança sutil entre corpo, mente e espírito. Esta obra revela não apenas como realizar esses gestos, mas o porquê de sua eficácia, o que os torna ferramentas extraordinárias para harmonizar sua energia, desbloquear potenciais e experimentar uma conexão profunda com o cosmos.

Imagine por um momento a sensação de alinhar-se completamente com sua essência – uma clareza cristalina que dissolve confusões, um equilíbrio interno que repele o caos externo, uma tranquilidade que parece inalcançável em meio às demandas da vida moderna.

Este livro não promete milagres instantâneos, mas oferece algo muito mais profundo: o mapa para cultivar essa transformação de dentro para fora.

Aqui, você encontrará mais do que explicações; encontrará orientações práticas para aplicar esses ensinamentos no seu dia a dia, seja por meio de um simples gesto para aliviar o estresse ou de uma prática mais aprofundada para explorar sua espiritualidade. Cada capítulo é uma peça de um quebra-cabeça maior, convidando-o a descobrir como esses gestos interagem com a respiração, a postura e até mesmo com as emoções mais escondidas.

Deixe-se envolver pelo que há de mais sagrado e universal. Este é um convite para despertar seu potencial latente, para sentir o pulsar da energia vital fluindo livremente, para reconectar-se à plenitude que habita em você. Ao seguir os caminhos aqui descritos, você poderá encontrar não apenas respostas, mas um novo sentido para o que significa estar verdadeiramente vivo.

Confie. Explore. Permita-se. Este livro é um guia, uma fonte de inspiração e um chamado para descobrir o extraordinário na simplicidade de um gesto. Ao aceitá-lo, você não apenas mergulhará em uma prática ancestral, mas em uma jornada de autoconhecimento que poderá iluminar cada aspecto da sua existência.

Abra estas páginas com o coração aberto. Há mais do que palavras esperando por você. Há uma experiência transformadora à sua espera.

Com entusiasmo e respeito,
Luiz Santos
Editor

# Capítulo 1
# Mudras

Os Mudras são práticas ancestrais de profundo significado energético e simbólico, capazes de transformar a experiência humana ao alinhar corpo, mente e espírito. Mais do que simples gestos realizados com as mãos, os Mudras são expressões de uma conexão íntima com as forças universais que permeiam todas as coisas. Cada posição dos dedos, cuidadosamente definida ao longo de séculos de sabedoria, carrega a habilidade de canalizar a energia vital, desbloquear potenciais ocultos e harmonizar os elementos que compõem a nossa existência. Essa interação entre o físico e o sutil faz dos Mudras uma ferramenta essencial para quem busca equilíbrio, autoconhecimento e transcendência espiritual.

Fundamentados na compreensão da energia vital, conhecida como Prana ou Chi, os Mudras são uma forma prática de interagir com os fluxos que sustentam a vida. A energia que percorre o corpo humano através de canais invisíveis, chamados Nadis, é moldada e direcionada por meio dessas posições das mãos, promovendo bem-estar integral. Através do simples gesto de unir os dedos ou criar formas específicas com as mãos, abre-se um caminho para a transformação interior, permitindo que o praticante alcance níveis mais elevados de clareza mental, estabilidade emocional e força física.

Com sua acessibilidade e profundidade, os Mudras transcendem barreiras culturais, tornando-se uma prática universal. Sua aplicação vai desde o alívio de tensões e dores físicas até o despertar de um senso mais profundo de propósito e conexão com o universo. Seja como complemento à meditação, ao Yoga ou a rituais espirituais, os Mudras são uma ponte poderosa entre o mundo interno e externo, capaz de revelar o extraordinário na simplicidade de um gesto. Essa prática milenar nos convida a redescobrir a riqueza da energia que habita em nosso ser e a transformar cada momento em uma oportunidade para crescimento e plenitude.

Presentes em culturas e tradições diversas, como o Hinduísmo, o Budismo e o Yoga, os Mudras revelam-se como uma linguagem sutil entre o indivíduo e o universo. Esses gestos simbólicos transcendem a materialidade das mãos, permitindo que o praticante acesse estados elevados de consciência e potencialidades interiores adormecidas. O significado de cada Mudra vai além da forma; ele se torna uma ponte entre o mundo físico e o espiritual, convidando à introspecção e à conexão com algo maior.

Ao longo dos séculos, os Mudras foram venerados como ferramentas que ampliam o potencial humano em múltiplas dimensões. No Hinduísmo, frequentemente aliados aos mantras e ao pranayama, eles assumem um papel central na invocação de divindades e no direcionamento de energias sutis. Cada movimento das mãos, cada posição dos dedos, é visto como um portal que canaliza forças capazes de purificar e elevar o espírito. No Budismo, a riqueza dos Mudras é associada aos ensinamentos do Buda, sendo utilizados para ilustrar diferentes níveis de iluminação, sabedoria e entendimento. Aqui, cada gesto carrega consigo uma mensagem espiritual profunda, como uma chave que abre os portais da mente para verdades universais. Já no Yoga, os Mudras integram-se de forma orgânica às práticas físicas e meditativas, intensificando a profundidade da experiência e ampliando os benefícios tanto para o corpo quanto para a mente.

Compreender o poder dos Mudras exige uma imersão na ideia de energia vital, conceito essencial em várias tradições espirituais. Essa força invisível, chamada de Prana na tradição indiana ou Chi na medicina chinesa, permeia não apenas os seres vivos, mas todo o cosmos. Em nosso corpo, ela flui por meio dos Nadis, canais energéticos que alimentam cada célula, órgão e sistema. A prática dos Mudras permite atuar diretamente sobre esses fluxos, regulando-os, desbloqueando bloqueios e promovendo uma harmonia que transcende o bem-estar físico. Cada gesto das mãos se torna, assim, uma chave que abre portais para dimensões mais profundas do ser.

Os benefícios dos Mudras são amplos e englobam dimensões físicas, mentais e espirituais. Em termos de equilíbrio energético, eles funcionam como instrumentos de harmonização, eliminando bloqueios que podem resultar em desconfortos ou doenças. No campo da cura, atuam como catalisadores para a autorregeneração, aliviando dores, tensões e trazendo à tona a capacidade inata do corpo de se reequilibrar. Além disso, proporcionam estabilidade emocional, acalmando a mente e reduzindo o impacto do estresse e da ansiedade. Com uma mente mais serena, surge também uma clareza mental aprimorada, que facilita o foco, a concentração e a tomada de decisões conscientes. Para aqueles que buscam ir além da materialidade, os Mudras oferecem uma porta de entrada para o despertar espiritual, ativando a intuição, revelando sabedorias interiores e conectando o praticante a dimensões superiores de existência.

A filosofia oriental que sustenta a prática dos Mudras fundamenta-se na interação dos cinco elementos que compõem o universo: terra, água, fogo, ar e éter. Cada um desses elementos possui uma manifestação física e simbólica em nossa existência. A terra está associada à estabilidade e ao enraizamento; a água, à fluidez e às emoções; o fogo, à transformação e à energia vital; o ar, à mente e à comunicação; e o éter, à consciência e à espiritualidade. Cada dedo da mão representa um desses elementos: o polegar simboliza o fogo, o indicador, o ar, o médio, o éter, o anelar, a terra, e o mínimo, a água. Quando os dedos se unem em configurações específicas, criam-se circuitos energéticos que equilibram esses elementos no corpo, promovendo uma harmonia integral.

Essa prática ancestral, embora profunda, é acessível a todos, independentemente de idade, condição física ou experiência prévia. A simplicidade dos Mudras esconde uma profundidade que só se revela plenamente àqueles que se aproximam dela com respeito e intenção. No início da jornada, é natural experimentar gestos diferentes, explorando suas ressonâncias e efeitos. Com o tempo e a prática constante, os Mudras que mais se alinham às necessidades do praticante tornam-se parte de sua rotina, oferecendo suporte em momentos de desafio ou celebração. Eles não apenas transformam o corpo e a mente, mas também nutrem o espírito, proporcionando um senso de equilíbrio e bem-estar que transcende o momento presente.

Os Mudras são, em essência, uma celebração da interconexão entre o humano e o divino. A cada gesto, é como se a energia do universo fluísse para dentro de nós, unindo o mundo interno e externo em uma dança de harmonia. Mais do que uma prática, os Mudras tornam-se uma filosofia de vida, lembrando-nos de que o poder de transformação está sempre ao alcance de nossas mãos.

Os Mudras, em sua simplicidade e profundidade, nos convidam a embarcar em uma jornada de autodescoberta e transformação. Cada gesto, por mais singelo que pareça, guarda em si a essência de séculos de sabedoria, oferecendo um meio de alinhar o corpo às frequências universais. O impacto de sua prática vai além do bem-estar momentâneo; ela se torna um instrumento para navegar pelas complexidades da vida com mais clareza, propósito e conexão com o cosmos.

Conforme mergulhamos nesse universo, percebemos que os Mudras não são apenas ferramentas isoladas, mas portais que ampliam nossa consciência sobre a interdependência entre o mundo interno e externo. Eles reforçam que a harmonia com o universo começa na harmonia dentro de nós mesmos. Cada dedo posicionado, cada respiração conduzida em sintonia com o gesto, transforma-se em um ato de reverência ao poder da energia vital que nos habita.

Ao aceitar o chamado dessa prática milenar, abrimos espaço para um reencontro com o sagrado, presente tanto nas dimensões sutis quanto no cotidiano. Os Mudras nos lembram que a plenitude não é uma meta distante, mas uma experiência possível a cada instante, guiada por nossos gestos, intenções e pelo compromisso de honrar a vida em sua totalidade.

# Capítulo 2
# Energia Vital

A energia vital é a força que sustenta e anima toda a existência, permeando cada ser vivo e o universo como um todo. Essa força sutil não é apenas a essência que possibilita a vida, mas também o elo que conecta o ser humano ao fluxo contínuo do cosmos. Fluindo por canais invisíveis no corpo, ela é a origem do vigor físico, do equilíbrio emocional e da clareza mental. Compreender e trabalhar com essa energia é reconhecer sua presença como o fundamento de uma vida harmoniosa, saudável e espiritualmente enriquecedora, permitindo que cada aspecto do nosso ser alcance sua expressão mais plena.

Em várias tradições, essa força recebe nomes diferentes, mas sua essência permanece constante. Na Índia, o Prana é reverenciado como o sopro vital que mantém a existência; na China, o Chi é visto como a energia que flui pelos meridianos, regulando saúde e vitalidade; no Japão, o Ki é a força central da prática do Reiki e das artes marciais. Independentemente do nome ou da cultura, o princípio é o mesmo: a energia vital é um fluxo contínuo que deve ser cultivado, harmonizado e direcionado para o bem-estar integral do ser.

Essa energia não apenas sustenta a vida, mas também reflete nosso estado interno. Quando fluímos com equilíbrio, somos saudáveis, conectados e alinhados com nossos propósitos. Quando há bloqueios ou desequilíbrios, podemos sentir fadiga, estresse e até mesmo doenças. Práticas como os Mudras, a meditação, a respiração consciente e o contato com a natureza nos permitem acessar, equilibrar e amplificar esse fluxo vital, promovendo a cura e o autoconhecimento. Ao explorar e nutrir a energia vital, encontramos o caminho para uma existência mais vibrante e conectada com as forças universais.

Prana, a força vital universal, é descrito na filosofia indiana como a energia que sustenta todas as dimensões do ser humano. Ela é a essência que permeia o corpo físico, a mente e a consciência, atuando como o sopro da vida que anima cada célula, tecido e órgão. Este fluxo energético, que circula por meio de canais sutis chamados Nadis, é a base da vitalidade, conferindo ao organismo a capacidade de funcionar harmoniosamente. A energia vital, no entanto, não é homogênea; ela se manifesta em diferentes formas e desempenha papéis distintos no corpo. Entre as suas expressões principais, estão cinco tipos fundamentais que governam aspectos específicos do funcionamento humano.

O Prana, em sua forma central, é a força que rege a respiração, a circulação e os processos sensoriais. Ele é como o núcleo pulsante de energia que sustenta a vida em movimento. Já o Apana é responsável pelos processos de eliminação e reprodução, sendo essencial para as funções descendentes do corpo. O Samana, por sua vez, está associado à digestão e à assimilação de nutrientes, funcionando como um catalisador da integração entre o que ingerimos e a vitalidade que extraímos disso. O Udana governa a fala e o movimento ascendente de energia, conectando a expressão física e verbal ao campo energético mais sutil. Por fim, o Vyana permeia o corpo inteiro, garantindo a circulação uniforme e a integração de todas as energias. Essa interdependência entre os diferentes tipos de Prana destaca a complexidade e a harmonia do sistema energético humano.

Na tradição chinesa, a energia vital é conhecida como Chi e é igualmente reverenciada como a força que permeia e sustenta a vida. Assim como o Prana, o Chi flui por meio de canais energéticos, conhecidos como meridianos, que percorrem o corpo. O equilíbrio desse fluxo é essencial para a saúde e o bem-estar, e qualquer interrupção ou bloqueio pode gerar desarmonia e doenças. O Chi é entendido em termos de polaridades complementares, Yin e Yang, que representam energias opostas, mas interdependentes. O Yin simboliza a receptividade, a introspecção e a energia feminina, enquanto o Yang personifica a atividade, a expansão e a energia masculina. A interação equilibrada entre essas forças garante não apenas o funcionamento do corpo físico, mas também a harmonia emocional e mental.

Os Mudras, com sua simplicidade e profundidade, oferecem uma forma prática de acessar e regular a energia vital, seja ela chamada de Prana ou Chi. Esses gestos específicos criam circuitos energéticos que influenciam diretamente os fluxos internos, promovendo equilíbrio e vitalidade. Por exemplo, gestos como o Prana Mudra ou o Surya Mudra estimulam e fortalecem a circulação de energia, revitalizando o corpo e a mente. Mudras como o Gyan Mudra, frequentemente usado em meditação, são conhecidos por induzir estados de tranquilidade mental e promover clareza. Por sua vez, gestos como o Anjali Mudra, que une as palmas das mãos em sinal de reverência, ajudam a harmonizar as emoções e a cultivar uma sensação de paz interior.

Despertar a consciência para essa energia é um dos principais objetivos da prática dos Mudras. À medida que os praticantes exploram os gestos e percebem os efeitos sutis que eles provocam, uma nova dimensão de percepção se abre. Torna-se possível identificar como o fluxo de energia responde ao estado emocional, ao ambiente e às intenções, promovendo uma conexão mais profunda consigo mesmo e com o universo ao redor. Com essa nova sensibilidade, os Mudras tornam-se uma ferramenta não apenas para corrigir desequilíbrios, mas também para nutrir e fortalecer a energia vital de forma preventiva e contínua.

Além dos Mudras, outras práticas desempenham um papel crucial no cultivo e na amplificação da energia vital. A respiração consciente, por exemplo, é uma técnica poderosa para harmonizar o Prana. O controle do ritmo respiratório, por meio de métodos como o pranayama, permite liberar bloqueios e distribuir energia de maneira equilibrada por todo o corpo. Uma alimentação saudável também desempenha um papel essencial, fornecendo o combustível necessário para que o corpo produza e mantenha altos níveis de energia vital. Alimentos frescos, naturais e ricos em nutrientes são valorizados como fontes de vitalidade pura.

A meditação, outra prática fundamental, ajuda a acalmar a mente e a liberar tensões que podem interromper o fluxo energético. Quando praticada em conjunto com os Mudras e o pranayama, ela cria um ambiente interno propício para o florescimento da energia vital. O Yoga, com suas posturas cuidadosamente elaboradas, vai além do alongamento físico e atua desbloqueando os canais energéticos, permitindo que o Prana flua livremente. Por fim, o contato com a natureza, seja ao caminhar em um bosque, respirar ar fresco ou simplesmente estar em silêncio em um ambiente natural, é uma forma simples, mas poderosa, de recarregar a energia vital.

A jornada de descoberta e cultivo da energia vital é, em última análise, um caminho de autoconhecimento e expansão. Ao aprender a reconhecer e a trabalhar conscientemente com o Prana ou Chi, torna-se possível acessar um nível mais profundo de vitalidade e conexão com o cosmos. Mais do que um simples recurso para sustentar a vida, a energia vital é um convite para vivê-la plenamente, integrando corpo, mente e espírito em harmonia com o fluxo universal. Com cada prática, cada gesto e cada respiração consciente, fortalecemos nossa presença no mundo, honrando a interdependência que nos une ao todo.

A energia vital não é apenas o que nos mantém vivos, mas também o que dá significado à existência, conectando-nos a algo maior do que nós mesmos. É um lembrete constante de que a vida é um fluxo contínuo, onde cada momento nos oferece a oportunidade de realinhar corpo, mente e espírito. Quando aprendemos a reconhecer sua presença e a trabalhar com ela conscientemente, descobrimos que a vitalidade não está apenas em estar vivo, mas em viver plenamente em harmonia com o universo.

Ao explorar práticas como os Mudras, a meditação e a respiração consciente, somos convidados a entrar em um estado de presença e sensibilidade energética. Essas práticas não apenas regulam o fluxo de Prana ou Chi, mas também ampliam nossa percepção de nós mesmos e do mundo ao nosso redor. Cada gesto, cada respiração, torna-se uma afirmação de nossa conexão com o todo, uma forma de nutrir nosso ser em todos os níveis.

Permitir que a energia vital flua livremente é um ato de amor-próprio e de cuidado com o mundo, já que somos parte inseparável desse grande fluxo universal. Ao cultivar essa energia, não apenas promovemos equilíbrio e saúde, mas também nos tornamos instrumentos de harmonia no ambiente à nossa volta. A jornada para compreender e despertar a energia vital é, em última análise, uma jornada para abraçar a plenitude de quem somos e o potencial infinito que nos habita.

# Capítulo 3
# Corpo Energético

O corpo humano é uma síntese de forças físicas e energéticas, funcionando como um campo dinâmico de vibrações que vai além da materialidade visível. Essa dimensão energética é composta por um sistema complexo de centros e canais sutis que regulam a interação entre nossos aspectos físicos, emocionais e espirituais. A energia que flui nesse sistema não apenas sustenta a vida, mas também reflete a qualidade de nosso bem-estar. Compreender e acessar essa rede energética é fundamental para desbloquear os caminhos que levam à harmonia e à cura integral, expandindo o potencial transformador que habita em cada indivíduo.

Os chakras, centros de energia que vibram ao longo da coluna vertebral, representam pontos de conexão entre o corpo físico e o campo energético. Cada um desses centros ressoa em uma frequência específica, influenciando áreas do corpo e dimensões da consciência. Do enraizamento e segurança no Chakra Raiz à transcendência espiritual no Chakra Coronário, os chakras formam um mapa interno que pode ser equilibrado e ativado para alcançar um estado de plenitude. Da mesma forma, os Nadis, canais que transportam a energia vital, desempenham um papel crucial ao conectar esses centros, promovendo o fluxo necessário para sustentar a saúde e a vitalidade.

Os Mudras são ferramentas poderosas para interagir com essa dimensão energética, permitindo que o praticante molde e direcione os fluxos de energia vital. Ao criar circuitos com as mãos, os Mudras estabelecem conexões específicas que despertam, harmonizam ou acalmam determinados chakras e canais energéticos. Por meio da prática consciente, eles possibilitam a integração entre corpo, mente e energia, promovendo um alinhamento profundo que resulta em equilíbrio emocional, clareza mental e um senso renovado de conexão com o universo.

Os chakras, frequentemente descritos como vórtices de energia vital, desempenham um papel essencial na compreensão do corpo energético humano. Localizados ao longo da coluna vertebral, esses centros sutis de energia são responsáveis por absorver, transformar e distribuir o Prana, conectando o corpo físico às dimensões emocionais e espirituais. Cada chakra vibra em uma frequência específica e está ligado a uma cor, uma área do corpo e aspectos da consciência. Juntos, eles formam um sistema integrado que reflete nosso estado interno e influencia diretamente nossa saúde e bem-estar.

Na base da coluna vertebral, o Chakra Raiz, ou Muladhara, é o alicerce de todo o sistema energético. Ele está intimamente relacionado à sobrevivência, à segurança e ao enraizamento, proporcionando estabilidade e conexão com a terra. Quando equilibrado, esse chakra confere um senso de segurança e força interior. Acima dele, no baixo ventre, está o Chakra Sacral, ou Svadhisthana, associado à criatividade, à sexualidade e às emoções. Sua energia fluida governa a capacidade de adaptação e o prazer de viver, nutrindo a expressão emocional e artística. No centro do corpo, na região do umbigo, encontra-se o Chakra do Plexo Solar, ou Manipura, que ressoa com o poder pessoal, a autoestima e a força de vontade. Este é o ponto onde transformamos intenções em ação, irradiando confiança e determinação.

No coração do sistema energético está o Chakra Cardíaco, ou Anahata, localizado no centro do peito. Este chakra é o ponto de equilíbrio entre os aspectos físicos e espirituais, simbolizando o amor, a compaixão e a conexão com os outros. Subindo para a garganta, encontramos o Chakra Laríngeo, ou Vishuddha, que rege a comunicação, a expressão e a criatividade. Ele nos encoraja a falar nossa verdade e a nos conectar por meio de palavras e sons. Entre as sobrancelhas está o Chakra Frontal, ou Ajna, conhecido como o terceiro olho. Este é o centro da intuição, da visão interior e da sabedoria espiritual, permitindo-nos perceber além das aparências e acessar a profundidade do inconsciente. No topo da cabeça está o Chakra Coronário, ou Sahasrara, que simboliza a conexão com o divino e a transcendência. Ele nos liga ao universo, oferecendo um senso de unidade e iluminação espiritual.

Interligando esses chakras estão os Nadis, canais de energia que formam uma rede complexa e interdependente. Embora existam milhares de Nadis, três são considerados os mais importantes: Ida, Pingala e

Sushumna. O Ida, associado à energia lunar, é receptivo e introspectivo, fluindo pelo lado esquerdo do corpo. O Pingala, ligado à energia solar, é ativo e expansivo, percorrendo o lado direito. Entre esses dois canais, o Sushumna é o caminho central que conecta todos os chakras e é fundamental para o despertar da Kundalini, a força espiritual latente que reside na base da coluna. O equilíbrio entre Ida e Pingala é essencial para harmonizar os aspectos masculino e feminino, consciente e inconsciente, dentro de nós.

Os Mudras, com sua capacidade única de moldar e direcionar o fluxo de energia, interagem profundamente com esse sistema energético. Cada gesto das mãos cria um circuito que pode ativar, acalmar ou equilibrar um chakra específico. Por exemplo, o Gyan Mudra, que une o polegar e o dedo indicador, é frequentemente usado para estimular o Ajna, promovendo a intuição e a clareza mental. O Anjali Mudra, que une as palmas das mãos em um gesto de oração, harmoniza o Anahata, nutrindo sentimentos de amor e compaixão. Por meio da prática consciente, os Mudras ajudam a desbloquear os Nadis, permitindo que o Prana flua livremente e promovendo um estado de harmonia integral.

A exploração do corpo energético é uma jornada de autoconhecimento que vai além da materialidade. À medida que nos tornamos mais sensíveis aos fluxos sutis de energia, somos capazes de identificar bloqueios e desequilíbrios que podem estar impactando nossa saúde física, emocional ou espiritual. Essa consciência nos permite agir de maneira mais precisa, utilizando ferramentas como os Mudras, a respiração e a meditação para restaurar a harmonia e revitalizar o corpo.

Integrar o corpo energético à nossa percepção cotidiana é um passo essencial para viver com mais equilíbrio e intenção. Quando reconhecemos que pensamentos, emoções e experiências moldam nosso campo energético, começamos a cultivar práticas que sustentam nosso bem-estar em todos os níveis. Cada respiração, cada gesto e cada intenção se tornam oportunidades para alinhar nosso ser interno com o fluxo universal. Esse alinhamento não apenas promove a cura e a vitalidade, mas também nos conecta ao propósito mais elevado de nossa existência.

O corpo energético é mais do que um conceito abstrato; é um reflexo vivo de quem somos em nossa totalidade. Ao cuidar de nossos chakras e Nadis, nutrimos não apenas nosso corpo físico, mas também nossa mente e espírito. Essa compreensão nos convida a explorar o potencial infinito que habita dentro de nós, lembrando-nos de que a verdadeira plenitude vem do equilíbrio entre o interno e o externo, entre o visível e o invisível. Essa jornada é, em última análise, um caminho para descobrir a harmonia que sempre esteve presente, aguardando para ser revelada e vivida plenamente.

O corpo energético é um reflexo dinâmico de nosso estado interno, constantemente moldado por pensamentos, emoções e experiências. Ele nos convida a olhar além do físico, revelando a intrincada teia de conexões que nos mantém em harmonia com o universo. Cada chakra pulsando em sua frequência e cada Nadi fluindo com energia vital formam um sistema de equilíbrio que, quando cuidado, nos permite alcançar um estado de bem-estar integral e autotranscendência.

À medida que aprofundamos nossa compreensão sobre os chakras e Nadis, percebemos como eles refletem nossos padrões emocionais e espirituais. Através de práticas como os Mudras, temos a oportunidade de intervir nesses fluxos, dissolvendo bloqueios e promovendo uma circulação livre de energia. Assim, o corpo energético se transforma em um mapa vivo de autodescoberta, guiando-nos em direção a um alinhamento mais profundo entre o mundo interno e externo.

Ao integrar a sabedoria do corpo energético em nossa vida cotidiana, estabelecemos uma relação mais consciente com nosso ser. Cada gesto, cada respiração, torna-se uma afirmação de equilíbrio e intenção, nos lembrando de que o poder para curar e transformar reside dentro de nós. Este alinhamento não apenas fortalece nosso corpo físico, mas também ilumina nosso caminho espiritual, abrindo portas para uma vida mais rica, conectada e plena de significado.

# Capítulo 4
# Mudras Fundamentais

Os Mudras Fundamentais são o alicerce de uma prática que transcende o tempo e as culturas, conectando o ser humano a seu potencial mais profundo. Esses gestos, simples na forma mas grandiosos em significado, funcionam como chaves que desbloqueiam a energia vital e alinham corpo, mente e espírito. Praticá-los é um convite a explorar o poder sutil que reside em cada um de nós, permitindo que a harmonia e a transformação se manifestem de maneira natural e duradoura.

Cada Mudra possui uma função única, agindo diretamente nos fluxos energéticos do corpo e promovendo benefícios específicos. Ao praticar gestos como o Gyan Mudra, que estimula a clareza mental e a intuição, o Prana Mudra, que revigora a vitalidade, e o Shuni Mudra, que cultiva a paciência e a disciplina, nos conectamos a diferentes dimensões de nosso ser. Esses gestos são ferramentas acessíveis, que podem ser incorporadas à rotina diária sem a necessidade de condições ou ambientes especiais, bastando apenas a consciência e a intenção.

Ao integrar os Mudras Fundamentais em sua vida, você inicia um processo de autodescoberta que se aprofunda com a prática contínua. Cada gesto é uma oportunidade de introspecção, um momento de alinhamento com sua essência e uma expressão de equilíbrio entre os aspectos internos e externos. Com paciência e consistência, os benefícios dos Mudras se tornam evidentes, proporcionando uma experiência de bem-estar integral e um caminho claro para o autoconhecimento e o desenvolvimento espiritual.

Os Mudras Fundamentais representam a essência de uma prática ancestral que transcende o tempo, funcionando como portais de transformação e equilíbrio. Cada gesto é carregado de significados profundos, ao mesmo tempo em que oferece simplicidade e acessibilidade. Eles são mais do que movimentos físicos; são expressões do potencial energético que reside em cada ser humano, permitindo que se estabeleça uma conexão entre o mundo interno e externo. Por meio desses gestos, podemos acessar a harmonia e o autoconhecimento que estão intrinsecamente disponíveis dentro de nós.

Entre os Mudras mais conhecidos está o **Gyan Mudra**, também chamado de Mudra do Conhecimento. Ao unir a ponta do dedo indicador com a ponta do polegar, forma-se um circuito que ativa o fluxo de energia para o cérebro, estimulando a clareza mental e a intuição. Essa prática, simples em sua execução, é uma ferramenta poderosa para quem busca concentração e sabedoria. Sentar-se com a coluna ereta, os ombros relaxados e as mãos repousando suavemente sobre os joelhos, enquanto se mantém no Gyan Mudra, é uma experiência que desperta o foco e a receptividade. Seus benefícios incluem a redução da ansiedade, a melhora da memória e a indução de um estado de calma propício à meditação. Ele é ideal para momentos em que se busca estabilidade mental ou soluções criativas para desafios.

Outro gesto profundamente revigorante é o **Prana Mudra**, que simboliza a energia vital. Ao unir as pontas dos dedos anelar e mínimo com a ponta do polegar, ativa-se um fluxo energético que revitaliza o corpo e a mente. Esse Mudra é especialmente eficaz para combater o cansaço e aumentar a autoconfiança. A prática, acompanhada por respirações profundas e conscientes, gera uma sensação de vitalidade que se espalha por todo o corpo. Ele também fortalece o sistema imunológico, melhora a circulação sanguínea e renova o entusiasmo pela vida. Incorporar o Prana Mudra à rotina diária é um lembrete de que a força e o vigor estão sempre ao alcance, bastando ativá-los com intenção.

Para cultivar serenidade e perseverança, o **Shuni Mudra**, ou Mudra da Paciência, é uma escolha indispensável. Ao tocar a ponta do dedo médio na ponta do polegar, harmoniza-se a energia do elemento éter, promovendo equilíbrio emocional e tolerância. Esse gesto é ideal para momentos em que a calma e a resiliência são necessárias, ajudando a fortalecer a disciplina e a determinação. Sentar-se tranquilamente com o Shuni Mudra enquanto se respira de forma lenta e profunda oferece um espaço interno de aceitação e serenidade. Além de auxiliar no controle da irritabilidade, ele estimula a conexão com o Eu Superior, permitindo que as ações sejam guiadas por clareza e propósito.

A prática dos Mudras Fundamentais vai além dos benefícios físicos e mentais imediatos; ela se torna uma jornada de autoconhecimento. Cada gesto é uma oportunidade de se conectar com as camadas mais sutis da energia vital, despertando uma consciência mais profunda sobre os estados internos. Com o tempo, a repetição e a intenção, os Mudras passam a revelar nuances energéticas que podem ser ajustadas de acordo com as necessidades do momento. Essa prática traz não apenas equilíbrio, mas também uma compreensão maior sobre como nossos pensamentos, emoções e intenções moldam nosso estado de ser.

Além disso, a simplicidade dos Mudras os torna incrivelmente acessíveis. Eles não exigem equipamentos, locais específicos ou longos períodos de tempo. Um simples instante de pausa, com as mãos configuradas em um gesto escolhido, pode transformar a qualidade de um dia. Esse aspecto prático faz dos Mudras uma ferramenta poderosa para integrar a espiritualidade à vida cotidiana, permitindo que os benefícios de sua prática ressoem de forma constante.

Com a prática contínua, os Mudras deixam de ser gestos isolados e se tornam parte de uma filosofia de vida. Eles ensinam que o equilíbrio e a serenidade não estão em fatores externos, mas na habilidade de se conectar ao fluxo interno de energia. Cada gesto realizado com atenção e consciência é um lembrete de que possuímos, em nossas mãos, o poder de transformar a maneira como vivemos e percebemos o mundo.

Por fim, os Mudras Fundamentais são um convite a redescobrir a harmonia que existe dentro de nós. Eles nos mostram que não é necessário buscar longe para encontrar equilíbrio, clareza e vitalidade; basta voltar-se para o próprio corpo, para o simples e o essencial. Ao explorar e aprofundar essa prática, abrimos espaço para uma conexão mais autêntica com nossa essência e com o universo ao nosso redor, permitindo que cada gesto se transforme em um ato de alinhamento e transcendência.

A prática dos Mudras Fundamentais oferece um caminho acessível e profundo para cultivar equilíbrio e autoconhecimento. Esses gestos simples são ferramentas que conectam as dimensões físicas, mentais e espirituais, permitindo que você se alinhe com o fluxo natural da energia vital. Ao explorar cada Mudra, você não apenas experimenta benefícios imediatos, como maior clareza mental ou vitalidade, mas também estabelece uma base sólida para uma transformação duradoura.

Com a prática contínua, os Mudras tornam-se uma parte natural de sua rotina, atuando como um lembrete constante de sua capacidade de moldar sua energia interna. Eles ensinam que o equilíbrio e a serenidade não dependem de fatores externos, mas podem ser cultivados de dentro para fora. Assim, cada gesto se transforma em uma meditação em movimento, um momento de pausa em meio ao ritmo acelerado da vida.

Permitir-se mergulhar na simplicidade e profundidade dos Mudras é um ato de reconexão consigo mesmo. Eles não exigem ferramentas ou rituais elaborados; apenas atenção e presença. Com paciência e dedicação, você perceberá que esses gestos fundamentais são mais do que práticas isoladas — são portas para um estado de harmonia integral, onde corpo, mente e espírito encontram sua expressão mais elevada.

# Capítulo 5
# Respiração Consciente

A respiração é a essência da vida, o fio condutor que conecta o corpo físico, a mente e o espírito. Muito além de um processo automático, ela é uma ferramenta poderosa de transformação, capaz de harmonizar emoções, revitalizar o corpo e expandir a consciência. Quando feita com intenção e consciência, a respiração se torna um canal para acessar os níveis mais profundos de energia vital, oferecendo um equilíbrio dinâmico entre o estado físico e o espiritual. Dominar a respiração consciente é descobrir a chave para viver de forma mais plena, serena e centrada.

Por meio das práticas de Pranayama, o ato de respirar transcende a simples troca de gases e se torna uma arte de refinar e direcionar a energia vital. Cada técnica de Pranayama é desenhada para responder a diferentes necessidades, seja para acalmar uma mente agitada, energizar um corpo cansado ou purificar o sistema energético. Ao integrar essas práticas no cotidiano, cada inspiração se transforma em uma oportunidade de renovação, enquanto cada expiração se torna uma liberação de tensões e bloqueios, promovendo bem-estar integral.

A prática da respiração consciente também se fortalece ao ser combinada com gestos como os Mudras. Juntas, essas técnicas criam um ciclo harmonioso, onde a respiração amplifica o fluxo de energia e os Mudras direcionam esse fluxo para áreas específicas do corpo e da mente. Esse processo de interação entre respiração e gestos sagrados oferece uma experiência de autoconhecimento e cura, na qual cada momento de prática é uma jornada para o equilíbrio interno e a conexão com o universo que nos rodeia.

Pranayama, ou o controle consciente da energia vital, é uma prática que transforma a respiração em um instrumento de equilíbrio e autotranscendência. Por meio de técnicas específicas, a respiração deixa de ser um simples reflexo fisiológico e se torna uma ferramenta poderosa para regular as emoções, revitalizar o corpo e expandir a mente. Na tradição indiana, acredita-se que o Prana, a energia vital, percorre o corpo através de canais sutis chamados Nadis, sendo a respiração o meio mais direto para acessar e harmonizar esse fluxo. Dominar o Pranayama é despertar para o potencial transformador de cada inspiração e expiração.

Entre as técnicas mais acessíveis e eficazes está a **respiração diafragmática**, que promove um estado profundo de relaxamento. Essa prática envolve expandir o abdômen ao inspirar e contraí-lo ao expirar, permitindo que os pulmões se encham completamente de ar. Simples e poderosa, essa técnica não apenas reduz o estresse, mas também massageia os órgãos internos, promovendo saúde e vitalidade. Por outro lado, a **respiração alternada**, ou Nadi Shodhana, vai além da tranquilidade ao equilibrar os hemisférios cerebrais e harmonizar os canais energéticos Ida e Pingala. Ao respirar alternadamente pelas narinas, criamos um ritmo que alinha mente e corpo, promovendo clareza mental e estabilidade emocional.

Para aqueles que buscam intensificar a concentração e aquecer o corpo, a **respiração Ujjayi**, conhecida como respiração vitoriosa, é uma escolha ideal. A leve constrição da glote durante a inspiração e expiração cria um som suave e contínuo, como o murmúrio de ondas, induzindo um estado meditativo e focado. Já para momentos em que a energia está em baixa, a **respiração Bhastrika**, ou respiração do fole, oferece uma explosão de vitalidade. Com respirações rápidas e vigorosas, esta técnica aquece o corpo, purifica os pulmões e estimula o metabolismo. Similarmente energizante, a **respiração Kapalabhati**, ou respiração do crânio brilhante, combina expirações forçadas com inspirações passivas para limpar as vias respiratórias e revitalizar a mente.

A prática do Pranayama ganha profundidade ao ser combinada com gestos sagrados como os **Mudras**. Essa união cria uma sinergia onde a respiração amplifica o fluxo de energia vital, enquanto os Mudras direcionam essa energia para áreas específicas do corpo ou da mente. Por exemplo, praticar o **Prana Mudra** enquanto se realiza a respiração diafragmática intensifica a revitalização do corpo, tornando cada inspiração uma onda de renovação. Da mesma forma, o **Gyan Mudra**, combinado com a respiração Ujjayi, pode induzir um estado de concentração que aprimora a meditação e a introspecção.

Para iniciar a prática de respiração consciente, é importante criar um ambiente adequado. Escolha um local tranquilo, bem ventilado e livre de distrações. Adote uma postura confortável, seja sentado com a coluna ereta ou deitado com as costas apoiadas no chão. Comece com técnicas simples, como a respiração diafragmática ou alternada, e avance para métodos mais avançados à medida que se sentir confiante. Durante a prática, respire pelo nariz, permitindo que o ar seja filtrado e aquecido, e mantenha o foco na qualidade de sua respiração — profunda, suave e ritmada. É essencial respeitar seus limites, evitando forçar a respiração, e buscar orientação profissional caso tenha condições de saúde específicas.

A constância é a chave para colher os benefícios do Pranayama. Mesmo sessões curtas, realizadas regularmente, podem transformar a maneira como nos sentimos e nos relacionamos com o mundo. Com o tempo, a respiração consciente se torna uma prática natural, integrada ao ritmo do cotidiano, servindo como um recurso confiável para lidar com desafios e nutrir o bem-estar. A cada prática, a respiração se revela como um meio de liberar tensões acumuladas, dissolver bloqueios emocionais e acessar um estado de paz interior.

Além de seus efeitos imediatos, a respiração consciente nos reconecta ao presente, cultivando um estado de atenção plena. O ato de inspirar e expirar com consciência nos lembra da interdependência entre o corpo, a mente e o espírito, trazendo equilíbrio para todas as áreas da vida. Em momentos de incerteza ou dificuldade, retornar à respiração é um gesto simples, mas transformador, que nos enraíza no agora e nos prepara para enfrentar qualquer desafio com clareza e calma.

Com a prática contínua de Pranayama e Mudras, somos conduzidos a um estado de integração onde o físico e o espiritual coexistem em harmonia. A respiração consciente nos ensina que, no ritmo constante de um pulmão que se expande e se recolhe, reside um potencial infinito de renovação e equilíbrio. Ao explorar essa prática, descobrimos que a chave para uma vida mais plena e centrada está literalmente ao nosso alcance, na simplicidade de cada respiração.

A respiração consciente nos convida a redescobrir o poder presente em cada inspiração e expiração. Ela nos lembra de que o ar que percorre nossos pulmões não é apenas uma necessidade fisiológica, mas também uma fonte de equilíbrio, energia e serenidade. Ao mergulhar nessa prática, a simples ação de respirar se transforma em um elo com o aqui e o agora, um estado de presença que nutre não apenas o corpo, mas também a mente e o espírito.

Conforme integramos técnicas como Pranayama e os Mudras em nossa rotina, começamos a sentir a energia vital fluindo com maior liberdade e clareza. A respiração torna-se uma aliada poderosa para dissolver tensões, aliviar a mente de preocupações e abrir espaço para o autoconhecimento. Em momentos de desafio, essa prática pode ser um porto seguro, ajudando a restabelecer o equilíbrio e a clareza necessários para enfrentar as adversidades com serenidade.

Respirar conscientemente é um ato de cuidado consigo mesmo e com a vida ao redor. Cada respiração nos reconecta ao fluxo universal de energia, reafirmando que o equilíbrio e a paz não são objetivos distantes, mas estados alcançáveis no ritmo suave de um pulmão que se expande e se recolhe. Na prática contínua, descobrimos que a respiração é muito mais do que um reflexo involuntário — ela é a ponte que nos conduz a uma existência mais plena e harmônica.

# Capítulo 6
# Postura e Alinhamento

A harmonia entre postura e energia é um aspecto essencial na prática dos Mudras, pois o corpo alinhado serve como um canal fluido para a energia vital, permitindo que ela se mova livremente e intensifique os benefícios dessa prática. Quando nos posicionamos com atenção e consciência, criamos uma base sólida que não apenas potencializa os efeitos dos Mudras, mas também promove conforto, estabilidade e equilíbrio durante toda a prática. Essa postura consciente não é apenas uma questão de técnica, mas também de reverência ao corpo, percebido como um espaço sagrado e indispensável para a conexão com níveis mais elevados de consciência.

A postura ideal começa com a disposição de cuidar do corpo com atenção e respeito, reconhecendo que cada parte tem sua função única no equilíbrio geral. Ao posicionar a coluna de maneira ereta e alinhada, você favorece a estabilidade interna, reduz tensões físicas e cria um estado mental propício à concentração e ao relaxamento. Esse alinhamento permite que a energia flua sem interrupções, refletindo-se em uma maior sensação de vitalidade e clareza. O relaxamento dos ombros, o alinhamento do queixo e a leve contração do abdômen são detalhes simples, mas poderosos, que proporcionam uma base equilibrada e confortável para o praticante, independentemente de sua experiência.

Além disso, o alinhamento corporal não apenas atende a objetivos físicos, mas também reflete e influencia o estado emocional e mental. Um corpo ereto e bem posicionado comunica confiança e equilíbrio interno, enquanto uma postura desalinhada pode acentuar tensões e desarmonias. Portanto, cultivar a consciência do próprio corpo em cada momento da prática é um exercício contínuo de presença e autocompreensão. Essa conexão integral entre corpo, mente e energia, mediada por uma postura correta, transforma a prática dos Mudras em uma experiência rica e profunda, capaz de promover bem-estar e despertar espiritual.

A prática dos Mudras é inseparável da atenção plena ao alinhamento postural, e a concepção do corpo como um templo sagrado exemplifica essa integração. Na tradição yogue, o corpo é considerado mais do que uma estrutura física; ele é a morada da alma e o portal para o divino. Esse entendimento nos conduz a um cuidado especial com o corpo, não apenas para manter sua funcionalidade, mas como uma forma de reverência ao espaço que abriga nossa essência. Honrar o corpo com respeito e atenção transforma cada gesto em um ato consciente de conexão com o universo interno e externo, criando condições para o despertar da consciência e o florescimento de nosso potencial.

O alinhamento, nesse contexto, é muito mais do que uma questão de técnica; é uma forma de harmonizar as diferentes partes do corpo em uma disposição equilibrada e funcional. A coluna vertebral, como eixo central do corpo, é o ponto de partida para essa organização. Mantê-la ereta não apenas sustenta o corpo fisicamente, mas também atua como um canal para o fluxo de energia vital, ou Prana. Imagine uma linha invisível que conecta a base da coluna ao topo da cabeça, criando uma estrutura que suporta tanto o físico quanto o espiritual. Esse alinhamento promove clareza e vitalidade, funcionando como uma ponte entre o interno e o externo.

Outros aspectos do alinhamento, como o relaxamento dos ombros e o alinhamento do queixo, desempenham um papel essencial na criação de uma postura estável e confortável. Quando os ombros estão soltos e afastados das orelhas, o peito se expande naturalmente, permitindo que a respiração flua sem restrições. Isso contribui para um estado de calma e presença. Da mesma forma, um queixo alinhado paralelamente ao chão evita tensões desnecessárias no pescoço e favorece uma sensação de equilíbrio, tanto física quanto emocional. O abdômen, levemente contraído, sustenta a coluna de forma sutil, ativando o centro de força do corpo e oferecendo suporte à prática.

As diferentes posturas utilizadas na prática dos Mudras, como Sukhasana, Padmasana, Vajrasana ou mesmo sentar-se em uma cadeira, têm o objetivo de proporcionar uma base que respeite as limitações e necessidades de cada indivíduo. Sukhasana, a postura fácil, é uma posição acolhedora para iniciantes, enquanto Padmasana exige maior flexibilidade e experiência. Vajrasana, com sua configuração ajoelhada, é uma alternativa poderosa para aqueles que buscam estabilidade e foco. A possibilidade de praticar em uma cadeira, com os pés firmemente plantados no chão e a coluna ereta, amplia o alcance dessa prática, tornando-a acessível a pessoas com diferentes capacidades físicas.

Adaptações são uma parte fundamental dessa abordagem, pois reconhecem a diversidade de corpos e condições. O uso de almofadas ou suportes, por exemplo, pode ajudar a corrigir desalinhamentos e trazer conforto, eliminando distrações e permitindo que o praticante mergulhe na prática sem resistência. Essa adaptabilidade reflete o princípio de que o alinhamento deve ser funcional e sustentável, promovendo o fluxo livre de energia sem comprometer o bem-estar.

Além do físico, a prática consciente de alinhamento postural envolve um nível profundo de consciência corporal. A atenção às sensações do corpo, como áreas de tensão ou desequilíbrio, abre a porta para um ajuste contínuo e intuitivo. Essa observação não é apenas mecânica; ela exige presença e autocompreensão, permitindo que o corpo seja um reflexo harmonioso do estado interno. Quando o corpo está alinhado e relaxado, a mente encontra um terreno fértil para se aquietar, alcançando maior clareza e estabilidade emocional.

Esse alinhamento entre corpo e mente vai além da postura física; ele reflete um estado interno de equilíbrio e serenidade. Uma mente agitada ou desequilibrada tende a se manifestar em um corpo tenso e desalinhado. Por outro lado, um corpo bem posicionado favorece a calma mental, criando um ciclo positivo de reciprocidade entre os dois aspectos. Essa integração transforma o ato de se alinhar em uma prática meditativa em si, onde o físico, o mental e o espiritual se entrelaçam em harmonia.

Ao ajustar conscientemente cada detalhe do corpo, desde a posição da coluna até o contato dos pés com o chão, o praticante cria um espaço interno onde a energia vital pode circular livremente. Esse fluxo energético não apenas nutre o corpo, mas também sustenta a mente e o espírito, oferecendo uma experiência rica e transformadora. A postura, então, deixa de ser um mero aspecto técnico e se torna uma ferramenta poderosa de conexão profunda.

Cada prática se torna, assim, uma âncora que estabiliza o praticante diante das distrações da vida cotidiana. O equilíbrio físico proporciona um foco natural, conduzindo a mente a um estado de serenidade e atenção plena. Quando corpo e mente trabalham em harmonia, o momento presente é plenamente vivido, e cada gesto se transforma em uma expressão consciente de intenção e presença. A prática dos Mudras, apoiada por um alinhamento correto, revela seu potencial mais profundo como um caminho para o autoconhecimento e a transcendência.

O alinhamento postural, em sua simplicidade, captura a essência dos Mudras: o cultivo de presença e conexão. Ao honrar o corpo como um templo sagrado, o praticante não apenas respeita sua própria existência, mas também abre espaço para a manifestação plena de sua energia vital. Esse reconhecimento transforma cada movimento e intenção em um ato sagrado, permitindo que a prática floresça como uma experiência transformadora e plena.

A prática consciente da postura vai além do simples ajuste físico; é também um convite à autoobservação e à interiorização. Cada pequeno detalhe, desde o alinhamento da coluna até a forma como os pés tocam o chão, carrega o potencial de transformar a experiência prática em um momento de conexão profunda. Ao se alinhar, você não está apenas ajustando o corpo, mas também criando um espaço interno onde a energia pode circular livremente, nutrindo não só o físico, mas também a mente e o espírito. Essa harmonia é o alicerce que sustenta a evolução em qualquer prática meditativa ou energética.

Durante a prática dos Mudras, o alinhamento se torna uma âncora que estabiliza o praticante em meio às distrações externas e internas. Quando o corpo encontra uma posição de equilíbrio, a mente é naturalmente conduzida a um estado de serenidade, tornando-se mais receptiva ao fluxo de energia e à clareza que emergem dessa prática. Essa integração entre corpo e mente permite um mergulho mais profundo no momento presente, onde cada gesto e respiração encontram sua expressão plena e consciente.

O verdadeiro poder do alinhamento reside em sua simplicidade: um corpo em harmonia reflete a essência da prática dos Mudras, que é o cultivo da presença e da conexão. Ao honrar o corpo como um templo sagrado, você não apenas respeita sua própria existência, mas também abre espaço para um encontro íntimo com sua energia vital. Com essa base fortalecida, cada gesto e cada intenção encontram um solo fértil para florescer, tornando a prática uma experiência transformadora e plena.

# Capítulo 7
## Concentração e Foco

A mente humana possui um imenso potencial de foco e clareza, mas frequentemente se dispersa em meio ao fluxo constante de pensamentos e estímulos do cotidiano. Esse estado fragmentado pode ser transformado por meio da prática da concentração, uma habilidade essencial que permite canalizar a atenção para um único ponto, liberando energia para o autoconhecimento e o desenvolvimento pessoal. Ao direcionar o foco para o momento presente, a concentração não apenas intensifica a prática dos Mudras, mas também proporciona um estado de tranquilidade e presença, essencial para experimentar plenamente os benefícios dessa arte ancestral.

Cultivar a concentração é um exercício de domar a mente e direcioná-la de forma consciente para o propósito desejado. Ao centralizar a atenção em um gesto específico ou em uma sensação do corpo durante a prática dos Mudras, você estabelece um elo profundo entre intenção e ação, criando as condições ideais para o fluxo livre da energia vital. Esse foco, que começa como um esforço deliberado, se transforma gradualmente em um estado natural de presença e clareza, permitindo que a prática se aprofunde e os resultados se manifestem de maneira mais intensa e duradoura.

No mundo moderno, onde a atenção é constantemente desafiada por distrações externas e demandas incessantes, cultivar a concentração é tanto um desafio quanto uma necessidade. Técnicas como a meditação, o mindfulness e os exercícios de respiração oferecem ferramentas práticas para treinar a mente e restaurar seu estado de equilíbrio. Ao adotar essas práticas no dia a dia e integrá-las à sua rotina, você fortalece sua capacidade de concentração, não apenas na prática dos Mudras, mas também em todas as áreas da vida, descobrindo um caminho de serenidade, foco e plenitude.

A concentração, em sua essência, é a capacidade de direcionar a mente para um único ponto de interesse, como um feixe de luz que ilumina apenas um detalhe em meio à vastidão. No contexto da prática dos Mudras, essa habilidade não apenas intensifica a conexão com o gesto, mas também desperta uma sensibilidade profunda ao fluxo de energia que percorre o corpo. É nesse estado de foco absoluto que os efeitos da prática se manifestam de forma mais clara, criando um elo entre intenção e realização.

Entretanto, viver em uma sociedade moderna, marcada por um excesso de estímulos e demandas, coloca desafios significativos à concentração. A mente, constantemente bombardeada por informações, muitas vezes se fragmenta, perdendo a clareza e a capacidade de se fixar em um único ponto. Essa dispersão afeta tanto as práticas meditativas quanto a qualidade de vida como um todo, interferindo na produtividade e no bem-estar. Recuperar a capacidade de se concentrar, portanto, é um ato de resistência frente ao caos cotidiano e um caminho para restaurar o equilíbrio interno.

Diversas técnicas podem auxiliar no treinamento da mente para alcançar um estado mais focado. A meditação, por exemplo, é uma prática consagrada que oferece um espaço para a mente se aquietar. Ao simplesmente observar os pensamentos sem se prender a eles, cria-se um espaço interno onde a clareza pode emergir. Esse exercício de desapego mental é fundamental para quem busca aprimorar sua concentração.

O mindfulness, por sua vez, é outra ferramenta poderosa. Ele envolve trazer a atenção para o presente, com uma observação atenta e livre de julgamentos. Ao aplicar essa prática durante os Mudras, a mente se ancora no momento presente, e as distrações cedem lugar a uma percepção mais nítida das sensações e da energia. Paralelamente, os exercícios respiratórios, como o Pranayama, oferecem um meio direto de acalmar a mente e regular o fluxo interno de energia, preparando o terreno para a concentração.

Práticas físicas, como o Yoga, integram corpo e mente de maneira harmoniosa, ajudando a cultivar o foco. Cada postura e cada movimento exigem atenção plena, o que treina a mente a permanecer presente. Até mesmo o contato com a natureza, por mais simples que pareça, contribui para a clareza mental. A serenidade dos ambientes naturais atua como um bálsamo, permitindo que a mente se recupere da sobrecarga e recupere sua capacidade de concentração.

Durante a prática dos Mudras, a aplicação direta dessas técnicas é essencial para maximizar seus benefícios. Ao realizar um gesto, é importante sentir plenamente a posição dos dedos, a pressão entre eles e o movimento sutil da energia. Essa atenção cuidadosa transforma um simples gesto em uma prática profundamente conectada. Visualizar a energia vital fluindo pelo corpo enquanto se harmonizam os centros de energia cria um campo fértil para a manifestação dos efeitos desejados.

Mantras e afirmações também são ferramentas complementares que potencializam a concentração. A repetição rítmica de um som sagrado, como um mantra, sintoniza a mente com vibrações universais, criando um estado de calma e elevação espiritual. Da mesma forma, afirmações positivas direcionam a intenção e reforçam a conexão entre mente, corpo e espírito, promovendo uma experiência mais rica e transformadora.

A visualização criativa é outra técnica poderosa que amplia os efeitos dos Mudras. Imaginar a energia vital percorrendo o corpo, curando e equilibrando, não apenas intensifica a prática, mas também expande os limites da mente criativa, permitindo que ela participe ativamente no processo de transformação.

Fora da prática formal, a concentração é uma habilidade que pode ser cultivada nas atividades cotidianas. Realizar tarefas simples com atenção plena, como lavar louça ou caminhar, oferece oportunidades para fortalecer o foco e integrar a prática no dia a dia.

Esse exercício contínuo de presença transforma ações triviais em momentos significativos, onde a mente aprende a se manter ancorada no presente.

A jornada da concentração é, em última análise, um retorno ao essencial. Quando você se permite mergulhar plenamente em uma única atividade, encontra uma quietude vibrante que transcende o barulho do mundo externo. Esse estado não é de passividade, mas de um engajamento profundo, onde cada gesto e cada pensamento ganham propósito e significado. Com o tempo, essa habilidade refinada se estende para outras áreas da vida, enriquecendo relacionamentos, aumentando a produtividade e fortalecendo o equilíbrio emocional.

Ao integrar práticas de concentração em sua rotina, você descobre que a mente, longe de ser um campo disperso, é um instrumento poderoso para a criação e a transformação. Abandonar o hábito de distração constante e substituir por momentos de foco direcionado não apenas aprofunda a prática dos Mudras, mas também se torna uma forma de viver de maneira mais intencional. Assim, a concentração deixa de ser um esforço deliberado e se transforma em um estado natural de ser, onde cada momento carrega a promessa de descoberta e realização.

A verdadeira magia da concentração reside em sua capacidade de criar um elo entre o interno e o externo, entre a intenção e a manifestação. Na prática dos Mudras, ela se revela como uma aliada indispensável, intensificando a conexão com a energia vital e promovendo um estado de clareza e harmonia. À medida que você cultiva essa habilidade, percebe que o presente é um espaço sagrado onde todo o potencial da mente pode ser explorado, permitindo uma vivência mais plena e consciente. Assim, cada gesto e cada intenção encontram sua expressão mais elevada, conduzindo você a um estado de realização e equilíbrio interior.

A concentração não é apenas uma habilidade a ser desenvolvida; é uma jornada contínua que reflete a profundidade do seu relacionamento consigo mesmo e com o momento presente. Ao se permitir estar inteiramente imerso em uma única atividade, seja na prática dos Mudras ou em tarefas cotidianas, você descobre uma quietude interior que transcende o caos externo. Essa quietude não é passiva; é um estado vibrante de clareza, onde cada gesto, pensamento e intenção ganha um propósito definido, abrindo portas para uma vivência mais plena e consciente.

À medida que você integra práticas de concentração em sua rotina, percebe que a mente é um terreno fértil para a criação e a transformação. Ao substituir o padrão de distração constante por momentos de atenção focada, você se torna capaz de acessar níveis mais profundos de criatividade e insight. Essa mudança gradual não apenas enriquece a prática dos Mudras, mas também se estende para as relações, o trabalho e o autocuidado, fortalecendo um senso de unidade e propósito em tudo o que faz.

A prática da concentração é, acima de tudo, uma celebração do agora. É na conexão plena com o presente que se encontra a chave para liberar o potencial oculto da mente e acessar um estado de equilíbrio e harmonia. Ao trilhar esse caminho, cada momento se torna uma oportunidade de reencontro consigo mesmo, e cada gesto, uma expressão da sua intenção mais elevada. Assim, a concentração se transforma em uma aliada indispensável, conduzindo você a uma existência mais centrada e luminosa.

# Capítulo 8
# Mudras para Ansiedade

A ansiedade, muitas vezes percebida como uma onda avassaladora de emoções, pode ser suavizada ao nos conectarmos com o fluxo de energia vital que permeia nosso ser. Essa conexão, proporcionada pela prática dos Mudras, permite harmonizar corpo e mente, promovendo um estado de tranquilidade e resiliência emocional. Mais do que gestos simbólicos, os Mudras atuam como poderosas ferramentas que canalizam a energia, dissolvendo a inquietação interna e restaurando o equilíbrio perdido. Por meio de movimentos simples e conscientes, somos capazes de transformar o turbilhão de preocupações em serenidade e clareza.

Praticar Mudras para a ansiedade é um convite para desacelerar e ouvir as necessidades do próprio corpo. Cada gesto envolve não apenas a posição dos dedos, mas também a respiração profunda e a intenção clara de encontrar a paz interior. Essas práticas nos ajudam a nos reconectar com a estabilidade que existe dentro de nós, mesmo em momentos de dificuldade. Quando combinados com técnicas como a meditação ou a visualização, os Mudras se tornam ainda mais eficazes, criando um espaço interno onde o silêncio e o conforto podem florescer, independentemente das circunstâncias externas.

Ao incorporar os Mudras na rotina, você se capacita a lidar com os desafios da ansiedade de forma prática e acessível. O simples ato de parar, posicionar os dedos e concentrar-se na respiração pode ser transformador, trazendo uma sensação de alívio imediato e fortalecendo a habilidade de enfrentar situações estressantes com mais calma e clareza. Essa prática regular não apenas alivia os sintomas da ansiedade, mas também promove um estilo de vida mais consciente e equilibrado, onde a paz interior se torna o alicerce para uma vida mais plena e harmoniosa.

A ansiedade, com sua presença intensa e muitas vezes esmagadora, pode ser suavizada por meio de práticas que reconectam corpo e mente, permitindo que a energia vital flua de maneira harmoniosa. Os Mudras, gestos antigos e simbólicos, desempenham um papel crucial nesse processo, ajudando a dissolver a agitação interna e a restaurar o equilíbrio emocional. Mais do que simples movimentos das mãos, os Mudras canalizam a energia, proporcionando alívio imediato e criando condições para um estado de tranquilidade duradoura. Por meio de práticas conscientes, esses gestos tornam-se poderosas ferramentas para transformar a ansiedade em serenidade.

Embora a ansiedade seja uma resposta natural diante de desafios, ela se torna prejudicial quando ultrapassa limites saudáveis e invade diferentes aspectos da vida. Seus sintomas variam de pessoa para pessoa, mas muitas vezes envolvem preocupações excessivas, irritabilidade, dificuldade de concentração e manifestações físicas como tensão muscular, taquicardia e tremores. Nesse cenário, os Mudras oferecem um recurso acessível e eficaz para acalmar a mente e o corpo, especialmente quando combinados com respiração profunda e visualizações tranquilizadoras.

Dentre os Mudras eficazes no combate à ansiedade, o **Chin Mudra**, conhecido como o Mudra da Consciência, é especialmente relevante. Este gesto, formado ao unir a ponta do dedo indicador com o polegar, simboliza a conexão com o eu interior. A prática envolve uma postura confortável e uma respiração profunda, criando um espaço interno de calma. Ao posicionar os dedos dessa forma e descansar as mãos sobre os joelhos, o praticante pode sentir o fluxo de energia suavemente equilibrando a mente e promovendo uma sensação de tranquilidade.

Outro gesto significativo é o **Ushas Mudra**, ou Mudra do Amanhecer, que desperta a energia vital e reduz a ansiedade ao mesmo tempo que promove alegria. Este gesto, que requer o entrelaçamento dos dedos com os polegares pressionados um contra o outro, cria um ciclo energético restaurador. A prática varia ligeiramente entre homens e mulheres, mas a essência permanece a mesma: um estímulo à vitalidade emocional e uma restauração do equilíbrio interno.

Para aqueles que buscam introspecção e estabilidade emocional, o **Adi Mudra**, ou Mudra do Primeiro, é uma excelente escolha. Este gesto envolve fechar os punhos, envolvendo os polegares com os outros dedos, e descansá-los suavemente sobre as coxas.

Ao concentrar-se na sensação de enraizamento proporcionada por essa posição, é possível acessar um estado de calma profunda, ideal para enfrentar momentos de tensão.

A eficácia dos Mudras está intimamente ligada à regularidade com que são praticados. Incorporá-los à rotina diária é essencial para obter benefícios significativos. Criar um ambiente tranquilo para a prática, livre de distrações, ajuda a intensificar os efeitos. Além disso, combinar os gestos com outras técnicas, como meditação, yoga e exercícios respiratórios, amplia ainda mais seu impacto. A respiração consciente desempenha um papel crucial, funcionando como um fio condutor que conecta mente e corpo, e permite que a paz interior se instale.

Visualizações criativas também enriquecem a prática dos Mudras. Imaginar a ansiedade como um peso que se dissolve com cada exalação ou visualizar a energia vital fluindo livremente pelo corpo ajuda a intensificar os efeitos dos gestos. Essa abordagem transforma a prática em uma experiência multifacetada, onde o alívio físico, emocional e energético ocorre simultaneamente.

Com paciência e persistência, os benefícios dos Mudras para a ansiedade tornam-se evidentes. A prática regular não apenas alivia sintomas imediatos, como também cria um espaço interno de estabilidade emocional que resiste às adversidades do dia a dia. Cada gesto, realizado com intenção, se torna uma porta de entrada para um estado de maior presença e conexão.

À medida que os Mudras são incorporados à rotina, eles transcendem sua função inicial de aliviar a ansiedade, transformando-se em um meio de autodescoberta. Posicionar os dedos com consciência desbloqueia canais de energia, dissolvendo tensões e trazendo harmonia ao corpo e à mente. Com o tempo, essa prática fomenta um senso de segurança e serenidade que se reflete em todas as áreas da vida.

Ao adotar os Mudras como uma parte essencial do cuidado emocional, não apenas se encontra alívio para a ansiedade, mas também se descobre uma ferramenta poderosa para o cultivo de uma paz interior duradoura. O simples ato de fazer uma pausa, respirar e praticar um gesto consciente transforma a relação com o caos interno, promovendo resiliência emocional e clareza mental. Assim, os Mudras tornam-se aliados valiosos, ajudando a construir uma base sólida de equilíbrio e serenidade que sustenta não apenas o presente, mas também o futuro.

A prática dos Mudras para ansiedade é um convite à reconexão com a serenidade inata que reside dentro de cada um de nós. Ao integrar essas técnicas à sua rotina, você não apenas acalma a mente, mas também fortalece sua capacidade de responder aos desafios com equilíbrio e clareza. Cada gesto, combinado com a respiração consciente, atua como um lembrete de que o controle sobre o caos interno está ao alcance, permitindo que a tranquilidade tome o lugar da inquietação. Essa transformação não é apenas física, mas emocional e energética, criando um ciclo de bem-estar duradouro.

À medida que você se aprofunda na prática, os Mudras deixam de ser movimentos isolados e se tornam portais para um estado de maior presença. O simples ato de posicionar os dedos com intenção é suficiente para desbloquear canais de energia, dissolver tensões acumuladas e restaurar o fluxo natural de harmonia no corpo e na mente. Com o tempo, a ansiedade começa a perder sua força, sendo substituída por um senso de segurança e estabilidade que reflete não apenas na prática, mas também em outras áreas da vida.

Ao adotar os Mudras como parte do cuidado com a sua saúde emocional, você não apenas encontra alívio para a ansiedade, mas também descobre uma ferramenta poderosa para cultivar a paz interior. Esse caminho, que começa com pequenos gestos conscientes, leva a uma jornada mais profunda de autodescoberta e equilíbrio. Assim, os Mudras se tornam aliados valiosos, não apenas para lidar com os desafios do presente, mas também para construir uma base sólida de serenidade e resiliência para o futuro.

# Capítulo 9
## Mudras para o Estresse

O estresse é uma força invisível que permeia a vida moderna, impactando o corpo, a mente e o espírito. Apesar de ser uma reação natural em momentos de desafio, sua presença constante pode criar um desequilíbrio profundo, prejudicando o bem-estar geral. Combater o estresse não significa eliminá-lo completamente, mas aprender a equilibrar sua intensidade e lidar com ele de forma saudável. Os Mudras, gestos simples e simbólicos realizados com as mãos, oferecem uma abordagem eficaz para restaurar o equilíbrio interno, promovendo calma, relaxamento e estabilidade emocional por meio da harmonização energética.

Ao utilizar os Mudras para aliviar o estresse, você conecta intenções conscientes ao fluxo de energia vital que circula pelo corpo. Cada gesto age como um ponto de foco que redireciona a mente, desacelera os pensamentos e cria um espaço para o relaxamento profundo. Por exemplo, o **Vayu Mudra** ajuda a reduzir a agitação mental ao equilibrar a energia do elemento ar, enquanto o **Prithvi Mudra** promove estabilidade e segurança ao aumentar a influência do elemento terra. Praticar esses Mudras com uma respiração tranquila e profunda amplifica seus benefícios, ajudando a liberar tensões acumuladas e a alcançar um estado de serenidade.

Integrar os Mudras na rotina diária é uma forma prática e acessível de criar momentos de pausa e autocuidado. Seja durante um dia agitado ou em um momento de reflexão, a prática regular desses gestos pode transformar a relação com o estresse. Com o tempo, eles deixam de ser apenas uma ferramenta de relaxamento e se tornam uma ponte para o autoconhecimento, fortalecendo a resiliência emocional e promovendo uma sensação de equilíbrio que se estende para todas as áreas da vida.

O estresse, com sua capacidade de penetrar silenciosamente em nossas vidas, muitas vezes se transforma em um fardo pesado, desgastando corpo, mente e espírito. Embora seja uma resposta natural a desafios e ameaças, sua persistência pode desequilibrar nosso sistema interno, levando a problemas físicos e emocionais. Encontrar maneiras de lidar com o estresse é essencial para manter o bem-estar, e os Mudras oferecem uma abordagem única e transformadora. Esses gestos simples realizados com as mãos têm o poder de reequilibrar o fluxo energético do corpo, promovendo calma, estabilidade e clareza emocional.

Praticar os Mudras para aliviar o estresse é mais do que uma ação simbólica; é uma prática de autocuidado profundamente enraizada em tradições antigas que reconhecem a relação entre energia, mente e corpo. Cada Mudra age como uma ponte que conecta a intenção consciente ao equilíbrio interno, harmonizando elementos fundamentais da energia vital. O **Vayu Mudra**, por exemplo, é especialmente eficaz para acalmar a mente e reduzir a ansiedade. Esse gesto, realizado ao dobrar o dedo indicador e pressioná-lo contra o polegar, regula o excesso de energia do elemento ar no corpo, que frequentemente está associado à agitação e ao excesso de pensamentos. Durante a prática, a respiração profunda intensifica seus benefícios, ajudando a dissolver o turbilhão mental e trazendo um senso de tranquilidade.

Outro Mudra significativo é o **Prithvi Mudra**, ou Mudra da Terra, que promove estabilidade e segurança ao aumentar a energia do elemento terra. Essa prática, realizada ao unir as pontas do dedo anelar e do polegar, oferece um enraizamento que combate a sensação de insegurança e incerteza, características comuns do estresse. Ao imaginar a energia da terra ancorando o corpo e a mente, o praticante encontra uma base sólida para enfrentar desafios com mais confiança e equilíbrio.

Para aqueles que sentem o impacto emocional do estresse, o **Varuna Mudra**, ou Mudra da Água, é uma escolha ideal. Esse gesto, formado ao unir as pontas do dedo mínimo e do polegar, harmoniza o elemento água no corpo, promovendo calma, clareza emocional e a liberação de tensões acumuladas. Essa prática ajuda a purificar a mente de medos e ansiedades, criando um espaço interno para o relaxamento e a serenidade.

A eficácia dos Mudras não se limita ao momento da prática; eles têm um impacto duradouro quando incorporados à rotina diária. Reservar alguns minutos para praticá-los em um ambiente tranquilo, livre de distrações, amplia seus efeitos. A respiração profunda e ritmada é um componente essencial, pois sincroniza o corpo e a mente, permitindo que o praticante mergulhe na experiência com presença total. Além disso, prestar atenção às sensações corporais durante a prática ajuda a identificar e liberar tensões que muitas vezes passam despercebidas.

Criar um ambiente propício para os Mudras também contribui para sua eficácia. Luz suave, música relaxante ou mesmo o uso de aromaterapia podem intensificar a experiência, tornando-a um momento de autocuidado completo. A prática regular promove não apenas alívio imediato do estresse, mas também fortalece a resiliência emocional, ajudando a criar um estado de equilíbrio que se reflete em todas as áreas da vida.

Com o tempo, os Mudras deixam de ser apenas gestos e se tornam rituais de conexão interna. A repetição consciente dessas práticas ensina a mente a desacelerar, ajudando a dissolver o impacto do estresse antes que ele se torne avassalador. Essa transformação não é apenas física, mas também emocional e energética, promovendo uma harmonia duradoura entre os elementos internos. Cada prática é uma oportunidade de introspecção e um lembrete de que a serenidade está sempre ao alcance.

À medida que os Mudras são integrados à vida cotidiana, eles proporcionam mais do que alívio do estresse; tornam-se ferramentas poderosas para cultivar uma relação mais profunda consigo mesmo. Essa jornada de autodescoberta leva ao fortalecimento do bem-estar geral, criando um ciclo virtuoso onde corpo, mente e emoções trabalham juntos para sustentar uma sensação de paz e estabilidade.

Praticar os Mudras é, em última análise, um ato de gentileza consigo mesmo. Cada gesto consciente, acompanhado de respirações profundas e intenções claras, permite que você recupere o controle sobre o impacto do estresse e crie um espaço interno de calma. Esse equilíbrio se traduz em escolhas mais conscientes e em uma abordagem mais tranquila diante das pressões do dia a dia. Os Mudras, assim, não são apenas ferramentas de relaxamento, mas guias para uma vida mais centrada e plena, onde a paz interior se torna o alicerce de uma existência equilibrada e harmoniosa.

Praticar os Mudras para aliviar o estresse é mais do que um simples gesto físico; é uma forma de se reconectar com o equilíbrio interno e criar um espaço de calma em meio às pressões do dia a dia. Cada gesto carrega a sabedoria ancestral de harmonizar os elementos dentro de nós, promovendo um alinhamento que transcende as tensões momentâneas. À medida que você se entrega a essa prática, a energia vital flui de forma mais livre e equilibrada, trazendo não apenas alívio imediato, mas também uma base sólida para enfrentar os desafios com mais serenidade.

Com o tempo, os Mudras deixam de ser apenas uma técnica e se tornam um ritual de autocuidado e introspecção. A repetição consciente desses gestos simples, acompanhada de respirações profundas e intencionais, fortalece a capacidade de observar e dissolver o impacto do estresse antes que ele se instale profundamente. Essa prática regular promove um estado de resiliência natural, onde corpo, mente e emoções trabalham em harmonia para sustentar uma sensação de bem-estar mais consistente e duradoura.

Ao adotar os Mudras como parte de sua rotina, você não apenas reduz o impacto do estresse em sua vida, mas também abre caminho para um relacionamento mais gentil consigo mesmo. Esse equilíbrio cultivado nos momentos de prática se reflete em escolhas mais conscientes e na habilidade de encarar os desafios com tranquilidade renovada. Assim, os Mudras se tornam não apenas ferramentas de relaxamento, mas também guias para uma vida mais plena, ancorada em paz e equilíbrio interior.

# Capítulo 10
# Mudras para Depressão

A depressão, com seu peso invisível e suas sombras persistentes, é uma condição que afeta profundamente o equilíbrio emocional, físico e espiritual. Encontrar formas de aliviar esse estado exige uma abordagem integrada, que inclui tanto cuidados profissionais quanto práticas complementares que promovam bem-estar e autoconhecimento. Os Mudras, gestos simbólicos que ativam e equilibram o fluxo de energia vital no corpo, oferecem uma maneira prática e acessível de acessar uma fonte interna de força, resiliência e serenidade. Por meio deles, é possível cultivar a esperança, restaurar a vitalidade e abrir espaço para a alegria de viver.

Cada Mudra se torna um convite para focar a atenção e dirigir a energia de maneira consciente, criando um impacto positivo no estado emocional. O **Ganesha Mudra**, por exemplo, atua como um símbolo de superação, ajudando a dissolver bloqueios emocionais e fortalecendo o coração, tanto no sentido físico quanto simbólico. Já o **Surya Mudra**, associado ao elemento fogo, estimula a energia vital e dissipa a apatia e a falta de motivação. Ao unir esses gestos à respiração profunda e à visualização, você intensifica seus efeitos, promovendo um equilíbrio interno que contrasta com a desconexão emocional típica da depressão.

Incorporar os Mudras à rotina diária é um passo significativo na busca pelo equilíbrio emocional. Mais do que simples exercícios, eles criam momentos de pausa e introspecção, permitindo que a mente se acalme e se organize. Com prática regular, essas ferramentas se tornam um suporte poderoso para complementar outras formas de cuidado, oferecendo não apenas alívio dos sintomas, mas também uma reconexão com a essência e o propósito de viver. Essa prática contínua contribui para uma jornada de cura e transformação, onde a luz interior gradualmente substitui as sombras da depressão.

A depressão, com seu impacto profundo e abrangente, muitas vezes parece apagar a luz da vitalidade e da esperança. Para além do suporte clínico essencial, práticas complementares podem desempenhar um papel transformador no alívio dos sintomas e na reconexão com a energia vital. Os Mudras, gestos simbólicos enraizados em tradições milenares, oferecem uma abordagem acessível e eficaz para estimular a energia, elevar o humor e promover a resiliência emocional. Cada gesto carrega um potencial único para cultivar equilíbrio e acender uma centelha de renovação interior.

O **Ganesha Mudra**, conhecido como o Mudra do Removedor de Obstáculos, é um gesto poderoso para quem enfrenta os bloqueios emocionais característicos da depressão. Realizado ao entrelaçar os dedos das mãos e puxá-los suavemente em direções opostas, esse Mudra simboliza força e superação. Ele atua tanto no plano físico, fortalecendo o coração, quanto no emocional, ajudando a dissipar sentimentos de desânimo e insegurança. A prática do Ganesha Mudra pode ser intensificada pela respiração profunda, onde cada inspiração traz força e cada expiração carrega consigo as emoções negativas.

Outro gesto significativo é o **Surya Mudra**, ou Mudra do Sol, que ativa a energia do elemento fogo. Ao dobrar o dedo anelar e pressioná-lo com o polegar, o praticante desperta a vitalidade, combatendo a apatia e a letargia. Durante a prática, visualizar o calor do sol energizando o corpo e iluminando a mente potencializa os efeitos, trazendo uma sensação de renovação e clareza. Esse gesto não apenas aquece o corpo, mas também incendeia a vontade de viver, ajudando a romper com o peso da estagnação emocional.

Para promover clareza mental e harmonia interna, o **Hakini Mudra**, ou Mudra da Mente, é uma escolha ideal. Esse gesto, formado ao unir as pontas dos dedos de ambas as mãos, estimula a conexão entre os hemisférios cerebrais, favorecendo a concentração e o equilíbrio mental. Ao realizar o Hakini Mudra, o praticante pode imaginar uma energia luminosa fluindo entre as mãos e se espalhando pela mente, dissolvendo pensamentos negativos e trazendo paz interior. Esse Mudra é particularmente útil para reorientar a mente e redescobrir um senso de propósito em meio à escuridão.

Praticar esses Mudras regularmente é essencial para colher seus benefícios. Reservar um momento do dia para a prática cria um ritual de autocuidado que vai além do alívio temporário, tornando-se uma âncora emocional. Escolher um ambiente tranquilo, livre de distrações, intensifica a experiência, enquanto a combinação dos gestos com técnicas de respiração e visualização eleva seus efeitos. Cada respiração profunda, alinhada aos gestos, não apenas relaxa, mas também nutre o corpo e a mente, abrindo espaço para emoções mais leves e pensamentos mais claros.

O poder dos Mudras vai além do físico. Eles se tornam um lembrete tangível de que pequenas ações conscientes podem gerar mudanças significativas. Ao dedicar tempo a esses gestos, você cria uma pausa necessária para reequilibrar sua energia e cultivar uma relação mais gentil consigo mesmo. Cada prática reforça a ideia de que mesmo em momentos de escuridão, há ferramentas acessíveis para encontrar luz e renovação.

Com o tempo, os Mudras se transformam em mais do que gestos; tornam-se rituais de presença e autocompaixão. O Ganesha Mudra oferece coragem para superar desafios, o Surya Mudra reacende a paixão pela vida, e o Hakini Mudra traz clareza e harmonia para a mente. Esses gestos simples, mas profundamente significativos, abrem portas para uma jornada de transformação e cura.

À medida que os Mudras se integram à rotina, eles também ajudam a construir uma base emocional sólida. Eles não apenas aliviam os sintomas da depressão, mas também fortalecem a capacidade de responder aos desafios com resiliência e calma. Com cada prática, você se aproxima mais da sua essência, reconhecendo que dentro de você existe uma fonte inesgotável de força e equilíbrio.

Adotar os Mudras como aliados em sua jornada emocional é uma maneira de criar um espaço interno acolhedor e vibrante. Cada gesto, acompanhado de intenções claras e respirações profundas, representa um passo em direção ao autocuidado e à renovação. Por meio dessa prática, você não apenas encontra alívio, mas também descobre uma capacidade renovada de viver com propósito, clareza e alegria. Assim, os Mudras se tornam uma ponte para uma existência mais equilibrada, onde a esperança e a vitalidade florescem novamente.

A prática dos Mudras para a depressão não apenas alivia os sintomas, mas também ajuda a construir um caminho de reconexão com a própria essência. Cada gesto realizado é um passo em direção à harmonia, oferecendo à mente e ao corpo uma pausa das tensões e uma oportunidade para se reequilibrar. Ao integrar os Mudras à respiração consciente, você abre espaço para emoções mais leves e para um despertar gradual da vitalidade, permitindo que as sombras que envolvem a depressão sejam suavemente dissipadas.

Com o tempo, os gestos ganham um significado mais profundo, tornando-se âncoras de presença e autocuidado. Praticar o Ganesha Mudra, o Surya Mudra ou o Hakini Mudra regularmente cria momentos de introspecção que auxiliam na identificação e dissolução de padrões negativos. Essas pequenas ações ressoam profundamente, transformando o gesto simbólico em uma experiência de cura e fortalecimento interior, onde cada prática é um lembrete da luz que ainda brilha, mesmo em momentos difíceis.

Ao adotar essas práticas em sua jornada, você não apenas encontra alívio para os desafios emocionais, mas também desenvolve uma base sólida para uma vida mais equilibrada. Cada Mudra se torna uma ponte para um estado de clareza e esperança, ajudando a criar um ambiente interno mais acolhedor e vibrante. Assim, a prática regular fortalece não só a mente e o corpo, mas também o espírito, conduzindo a um processo contínuo de autodescoberta e renovação emocional.

# Capítulo 11
## Mudras para Insônia

A insônia é um desafio que pode ser enfrentado de forma integrada, envolvendo práticas que equilibram corpo e mente. Essa condição, caracterizada pela dificuldade em adormecer, manter o sono ou alcançar um repouso profundo, não é apenas um problema noturno; seus reflexos ecoam durante o dia, afetando a disposição, o humor e a saúde em geral. Entender os mecanismos da insônia e adotar estratégias naturais e eficazes, como os Mudras, permite resgatar o equilíbrio do ciclo do sono e promover o bem-estar físico e emocional. Os Mudras, mais do que gestos simbólicos, são ferramentas práticas que canalizam a energia vital e facilitam a reconexão com um estado de relaxamento e harmonia interior.

Práticas de autocuidado podem transformar a maneira como o corpo lida com o estresse e a ansiedade, dois fatores frequentemente associados à insônia. Os Mudras, ao interagir com o fluxo de energia nos meridianos do corpo, oferecem um alívio que vai além do simples relaxamento muscular. Por meio de gestos específicos que envolvem as mãos e os dedos, é possível ativar respostas do sistema nervoso capazes de reduzir os estímulos mentais excessivos e criar um ambiente interno propício ao descanso. Essa abordagem também desperta uma consciência mais profunda do próprio corpo, promovendo uma conexão intuitiva com as necessidades do momento, como o descanso e a renovação.

A integração dos Mudras a um ritual noturno não só contribui para combater a insônia, mas também eleva a qualidade de vida como um todo. Reservar um momento antes de dormir para praticar esses gestos em conjunto com respirações lentas e profundas acalma o sistema nervoso, regula os ritmos internos e amplia a sensação de segurança e tranquilidade. Este hábito, aliado a um ambiente adequado e a escolhas diárias mais conscientes, como manter uma rotina regular de sono e evitar estímulos intensos à noite, fortalece o terreno para que o corpo e a mente se entreguem ao repouso restaurador com mais facilidade e constância.

A insônia, com suas implicações amplas na saúde física e mental, transcende o simples ato de não dormir bem. Esse estado de vigília prolongada durante a noite resulta em um cansaço constante que se estende pelo dia, causando fadiga, irritabilidade e comprometendo a produtividade. A sonolência diurna prejudica a capacidade de concentração, dificultando tarefas simples e importantes. Além disso, o corpo sobrecarregado pela falta de descanso encontra dificuldades para se manter saudável, abrindo caminho para condições mais graves, como doenças cardíacas, diabetes e obesidade. A conexão entre a insônia e problemas psicológicos também é inegável: o sono interrompido ou insuficiente exacerba quadros de depressão e ansiedade, criando um ciclo difícil de romper. Quando o sistema imunológico está enfraquecido, a vulnerabilidade a infecções e outras doenças aumenta, intensificando a sensação de desgaste geral.

Nesse contexto, os Mudras aparecem como aliados valiosos na luta contra a insônia. Esses gestos milenares, usados há séculos em práticas meditativas e espirituais, canalizam a energia vital para restaurar o equilíbrio interno. Um exemplo é o Shakti Mudra, que se destaca por suas propriedades calmantes. Ao unir os dedos mínimos e anulares e pressionar as unhas dos polegares uma contra a outra, cria-se um gesto que promove um relaxamento profundo. O corpo, envolto por essa energia, encontra um refúgio de tranquilidade, afastando o excesso de estímulos que dificultam o sono. A prática desse Mudra é simples: ao dobrar os dedos menores até a base dos polegares e pressionar levemente as unhas, o praticante relaxa os outros dedos, posiciona as mãos no colo e se entrega à respiração profunda, permitindo que a calma se instale de maneira natural.

Outro Mudra poderoso é o Brahma Mudra, que, além de induzir o sono, trabalha diretamente no alívio do estresse acumulado. Ao unir as pontas dos polegares com os dedos mínimos e dobrar os outros dedos em um gesto firme, cria-se uma conexão interna que ressoa na mente e no corpo. Durante a prática, é fundamental respirar pausadamente, visualizando a energia fluindo de forma harmoniosa e afastando as tensões do dia. Este gesto simples oferece uma sensação de conforto e bem-estar que se traduz em um sono reparador.

O Yoni Mudra, por sua vez, oferece uma abordagem introspectiva ao problema da insônia. Com um foco na reconexão com a energia feminina e no fortalecimento da introspecção, este gesto cria um ambiente mental propício para o descanso. Ao unir os polegares e curvar os outros dedos para dentro das palmas, o praticante forma uma estrutura simbólica que representa o útero, um espaço de acolhimento e renascimento. Essa prática convida à meditação e à calma, proporcionando uma experiência restauradora que vai além do físico.

No entanto, a eficácia dos Mudras depende de um contexto que favoreça o relaxamento. A prática deve ser incorporada a um ritual noturno, com o ambiente ajustado para promover o sono: quartos escuros, silenciosos e com temperatura agradável ajudam o corpo a reconhecer o momento de descanso. A exclusão de estímulos eletrônicos antes de dormir, assim como a adoção de uma rotina regular de horários, são elementos cruciais para potencializar os benefícios desses gestos. Quando associados a outras técnicas de relaxamento, como a meditação e a aromaterapia, os Mudras se tornam ainda mais poderosos, criando um estado de serenidade que antecede o repouso.

À medida que essas práticas se integram à rotina, uma transformação sutil começa a ocorrer. O ato de reservar minutos antes de dormir para os Mudras deixa de ser apenas uma ferramenta contra a insônia e se torna um momento de autodescoberta. O praticante aprende a ouvir as necessidades do corpo e da mente, identificando sinais de exaustão ou tensão e respondendo a eles com gestos que canalizam energia positiva. Esse processo de conscientização promove não só noites de sono mais tranquilas, mas também um estado geral de equilíbrio e bem-estar.

A insônia, que antes parecia um obstáculo intransponível, é gradualmente superada com paciência e dedicação. Os benefícios dessas práticas vão além do descanso noturno, influenciando a forma como se encara os desafios diários. Pequenas mudanças nos hábitos, como valorizar momentos de silêncio e criar um espaço para a autocuidado, reforçam a eficácia dos Mudras e ampliam seus efeitos para outras áreas da vida. Ao perceber os resultados, o praticante se sente incentivado a continuar, criando um ciclo virtuoso de saúde e satisfação pessoal.

Assim, a jornada para superar a insônia deixa de ser apenas uma luta contra os sintomas e se transforma em um convite para viver de maneira mais plena e conectada. Incorporar os Mudras ao cotidiano é, portanto, mais do que uma solução para noites sem descanso; é um passo em direção a uma existência mais equilibrada, onde o sono profundo é apenas um reflexo de uma vida harmoniosa. Essa prática, simples em sua essência, é um lembrete de que a serenidade está ao alcance das mãos, bastando apenas um gesto para acessá-la.

Incorporar os Mudras a um estilo de vida saudável não apenas alivia a insônia, mas também oferece um caminho para a autodescoberta e o equilíbrio interior. Cada gesto traz consigo a oportunidade de silenciar a mente e acessar uma serenidade que muitas vezes se perde no ritmo acelerado do cotidiano. Ao praticar esses gestos com constância e dedicação, a percepção das energias internas se intensifica, revelando novas formas de interagir com o próprio corpo e a mente. Essa harmonia se reflete em noites de sono mais profundas e revigorantes, promovendo um ciclo virtuoso de bem-estar.

Além disso, a prática regular dos Mudras estimula um olhar mais consciente sobre os hábitos diários. Pequenos ajustes na rotina, como evitar o excesso de estímulos à noite, valorizar momentos de relaxamento e cultivar uma conexão consigo mesmo, ampliam os benefícios dessas técnicas. Com o tempo, as mudanças se tornam naturais, transformando o sono restaurador em uma constante, em vez de um desafio. A chave está em entender que o cuidado com o sono vai além de resolver um sintoma; é uma jornada de autonutrição e equilíbrio.

Assim, os Mudras para insônia não são apenas práticas terapêuticas, mas convites para um estilo de vida mais presente e alinhado. Ao integrar esses gestos à sua rotina, você não apenas recupera o sono, mas também reforça uma conexão profunda consigo mesmo. O caminho para noites tranquilas começa com pequenos passos, e cada um deles abre espaço para uma existência mais plena e harmoniosa.

# Capítulo 12
## Mudras para a Dor

A dor é uma experiência universal que transcende o aspecto físico, influenciando também o estado emocional e mental. Em sua essência, ela representa um chamado à atenção para as necessidades do corpo, indicando desequilíbrios que exigem cuidado. Embora seja frequentemente associada a desconforto e sofrimento, a dor pode ser interpretada como uma oportunidade para compreender melhor o próprio corpo e as mensagens que ele transmite. Em vez de encará-la apenas como um fardo, é possível buscar abordagens que aliviem o incômodo e restaurem o equilíbrio, como a prática dos Mudras, que oferecem um meio natural de reconectar a energia vital e promover a cura.

Os Mudras, gestos simbólicos realizados com as mãos, têm raízes na sabedoria ancestral e atuam como ferramentas de transformação energética. Quando incorporados à rotina, eles ajudam a redirecionar o fluxo de energia, promovendo relaxamento, alívio de tensões e redução de dores físicas. Ao contrário de soluções puramente externas, os Mudras incentivam um olhar para dentro, permitindo que a pessoa se envolva ativamente no processo de recuperação. Essa abordagem, que combina simplicidade e profundidade, torna-se uma aliada valiosa para quem busca não apenas aliviar a dor, mas também compreender as causas subjacentes.

Para que o alívio seja efetivo e sustentável, é importante adotar os Mudras como parte de um sistema integrado de cuidado. Além de realizar os gestos específicos, criar um ambiente de tranquilidade e praticar respirações profundas intensifica os benefícios dessas técnicas. Cada Mudra, ao estimular determinados circuitos energéticos, promove uma sensação de alívio e bem-estar que vai além do sintoma imediato, alcançando as camadas mais sutis do corpo e da mente. Assim, ao escolher enfrentar a dor de forma consciente e proativa, você desbloqueia o potencial curativo que existe em sua própria energia vital, abrindo caminho para uma vida mais harmoniosa e plena.

A dor é a linguagem do corpo, uma comunicação intensa e direta que clama por atenção. Ela surge como um alerta, variando de um desconforto leve a um sofrimento intenso, dependendo da causa e da sensibilidade individual. Mais do que um sintoma isolado, a dor pode ser a manifestação de um desequilíbrio mais profundo, exigindo cuidado para que suas origens sejam compreendidas. Ignorar a dor é negligenciar os sinais que o corpo utiliza para indicar a necessidade de reparos e ajustes, tornando essencial não apenas tratar os sintomas, mas buscar entender as razões que os provocam.

Os Mudras se revelam como uma abordagem poderosa e gentil para aliviar a dor, oferecendo não só conforto físico, mas também uma oportunidade de introspecção. Entre os gestos mais eficazes, destaca-se o Apana Vayu Mudra, conhecido por sua capacidade de harmonizar as energias do corpo e aliviar dores no peito, dores de cabeça e até desconfortos cardíacos. Sua prática consiste em unir as pontas dos dedos médio e anelar com o polegar, enquanto os dedos indicador e mínimo permanecem relaxados e estendidos. Durante o gesto, a respiração profunda e ritmada intensifica seus efeitos, permitindo que a energia flua de forma equilibrada e alivie as áreas tensionadas.

Outro Mudra de destaque é o Linga Mudra, especialmente útil para dores crônicas, como as causadas pela artrite e dores nas costas. Esse gesto, realizado ao entrelaçar os dedos das mãos e manter os polegares unidos e apontados para cima, estimula a circulação de calor pelo corpo, promovendo relaxamento muscular e fortalecendo o sistema imunológico. Ao visualizar esse calor se espalhando pelo corpo enquanto se respira profundamente, o praticante sente um alívio gradual e uma sensação de conforto que se irradia das mãos para as áreas afetadas.

O Gyan Mudra, por sua vez, atua em um campo mais sutil, conectando o físico ao emocional. Ideal para aliviar dores de cabeça e enxaquecas, ele também reduz o estresse e a ansiedade que frequentemente acompanham essas condições. Unindo a ponta do polegar à ponta do dedo indicador, enquanto os outros dedos permanecem estendidos, o Gyan Mudra proporciona uma calma mental que reflete diretamente no corpo, dissolvendo tensões e promovendo clareza. Sua simplicidade esconde um poder transformador, que é intensificado quando praticado em um ambiente tranquilo e com foco na respiração.

Esses gestos, embora simples, oferecem um alívio que vai além do imediato. Incorporá-los ao dia a dia cria um hábito de cuidado consigo mesmo, uma forma de ouvir o corpo e responder às suas necessidades. No entanto, para que os Mudras alcancem seu potencial máximo, é essencial que sejam combinados a outras práticas que favoreçam o bem-estar. Técnicas como meditação, yoga e exercícios respiratórios complementam os efeitos dos gestos, intensificando sua capacidade de aliviar a dor e promovendo um estado de equilíbrio mais duradouro.

A paciência e a persistência são fundamentais para a prática dos Mudras. Embora os resultados possam não ser instantâneos, a regularidade fortalece os efeitos cumulativos, transformando a forma como o corpo lida com a dor. Com o tempo, as práticas passam a oferecer não apenas alívio, mas também um relacionamento mais consciente com as sensações do corpo, tornando a dor menos ameaçadora e mais compreensível.

Além disso, os Mudras abrem espaço para uma percepção mais ampla de como a dor se relaciona com outros aspectos da vida. Ao praticá-los com dedicação, o alívio físico se transforma em um estado de serenidade interna, que se reflete na postura diante dos desafios diários. Cada gesto é uma oportunidade de transformar a dor em um convite à autorreflexão, um lembrete da força que reside na conexão entre corpo e mente.

Assim, os Mudras não apenas ajudam a aliviar desconfortos momentâneos, mas promovem um senso mais profundo de autossuficiência e resiliência. Ao integrar essas práticas em sua rotina, você nutre não apenas a capacidade de superar a dor, mas também de abraçar a harmonia e o equilíbrio como partes fundamentais de uma vida plena. Esse processo, embora sutil, é profundamente transformador, permitindo que o corpo recupere sua força natural enquanto a mente encontra paz em meio ao movimento da vida.

A prática dos Mudras para a dor não apenas oferece alívio físico, mas também fortalece a conexão entre mente e corpo, criando uma oportunidade de escuta interna mais profunda. Cada gesto atua como um elo entre o mundo externo e o universo interior, onde a energia vital encontra sua origem e pode ser reequilibrada. Com consistência e atenção, esses gestos permitem que o corpo relaxe, promovam o fluxo harmônico de energia e dissolvam tensões que muitas vezes perpetuam a sensação de dor.

Integrar os Mudras ao cotidiano é uma forma de assumir uma postura ativa diante do bem-estar. Enquanto o alívio imediato pode ser percebido com a prática regular, o verdadeiro poder dessa técnica está em sua capacidade de transformar o relacionamento com a dor, enxergando-a não apenas como um sintoma, mas como um convite à autorreflexão e ao cuidado integral. Ao combinar esses gestos com respirações conscientes e um ambiente de serenidade, o corpo encontra espaço para se curar e regenerar de maneira mais completa e natural.

Dessa forma, os Mudras se tornam mais do que simples práticas; são ferramentas de autodescoberta e resiliência. Cada movimento das mãos é um lembrete da capacidade do corpo de se equilibrar, restaurar e prosperar, mesmo em meio aos desafios. Ao mergulhar nesse processo com dedicação, você não apenas alivia a dor, mas também nutre um estado de harmonia interior que se reflete em todas as áreas da sua vida.

# Capítulo 13
## Mudras para Digestão

A digestão desempenha um papel fundamental na manutenção da saúde e do bem-estar, influenciando diretamente a energia e o funcionamento do corpo. Esse processo é essencial para transformar os alimentos em nutrientes que sustentam as funções vitais, mas pode ser facilmente comprometido por hábitos inadequados, estresse e fatores externos. Um sistema digestivo equilibrado reflete-se em um corpo saudável, uma mente clara e uma maior disposição para enfrentar as atividades diárias. Nesse contexto, técnicas como os Mudras surgem como uma abordagem prática e natural para fortalecer a digestão e restaurar a harmonia interna.

Os Mudras atuam como facilitadores do fluxo energético, ajudando a ativar e equilibrar o Agni, o fogo digestivo responsável por metabolizar alimentos e eliminar toxinas. Eles promovem ajustes sutis no corpo e na mente, regulando os processos digestivos e criando condições ideais para que o organismo funcione em sua plenitude. Mais do que um simples gesto das mãos, os Mudras conectam a energia vital com áreas específicas do corpo, fortalecendo a capacidade digestiva e ajudando a aliviar desconfortos como gases, constipação e azia. Essa prática se torna ainda mais eficaz quando associada a hábitos saudáveis, como alimentação equilibrada e hidratação adequada.

Incorporar os Mudras à rotina diária não requer esforço significativo, mas pode trazer resultados profundos e transformadores. Praticá-los antes das refeições, acompanhado por respirações conscientes e profundas, prepara o corpo para o processo digestivo, potencializando a absorção de nutrientes e facilitando a eliminação de resíduos. Quando aliados a uma abordagem mais ampla de autocuidado, os Mudras não apenas aliviam problemas específicos, mas também contribuem para a saúde geral e o bem-estar. Ao abraçar essa prática, você estará investindo em um sistema digestivo saudável e em uma vida repleta de vitalidade e equilíbrio.

A digestão é o coração do bem-estar, um processo que converte os alimentos em energia e vitalidade, sustentando as funções essenciais do corpo. No entanto, fatores como estresse, má alimentação e um ritmo de vida acelerado frequentemente interrompem esse equilíbrio, trazendo desconfortos como gases, constipação e azia. Segundo a Ayurveda, a digestão está diretamente conectada ao Agni, o fogo digestivo, cuja força determina a eficiência com que o corpo metaboliza os alimentos e elimina toxinas. Quando esse fogo está fraco, a saúde como um todo sofre, ressaltando a importância de práticas que possam reacender e manter o Agni em harmonia.

Os Mudras oferecem uma solução simples, porém profunda, para fortalecer a digestão e restaurar o equilíbrio energético. O Apana Mudra, conhecido como o "Mudra da Eliminação," é um dos gestos mais eficazes nesse contexto. Ele regula o funcionamento intestinal e facilita a remoção de toxinas acumuladas, proporcionando alívio para desconfortos como gases e constipação. Para praticá-lo, basta unir as pontas dos dedos médio e anelar ao polegar, enquanto os outros dedos permanecem relaxados. Durante a prática, é essencial focar na respiração profunda e na visualização de uma energia purificadora percorrendo o sistema digestivo, desobstruindo bloqueios e promovendo fluidez.

Outro aliado poderoso é o Surya Mudra, ou "Mudra do Sol," que trabalha diretamente no fortalecimento do elemento fogo no corpo. Este gesto é realizado dobrando o dedo anelar em direção à base do polegar, que o pressiona levemente, enquanto os outros dedos ficam relaxados. Com essa postura, o Agni é ativado, intensificando o calor interno necessário para uma digestão eficiente. Durante a prática, imagine o fogo digestivo crescendo em força, transformando alimentos em energia de maneira harmoniosa. Esse Mudra é especialmente útil para aqueles que sentem lentidão ou desconforto após as refeições, ajudando a energizar o corpo e promover clareza mental.

Complementando essas práticas está o Prana Mudra, conhecido como o "Mudra da Vida." Este gesto é realizado unindo as pontas dos dedos anelar e mínimo ao polegar, enquanto os outros dois dedos permanecem estendidos. Ele é uma poderosa ferramenta para aumentar a energia vital e melhorar a absorção de nutrientes. Ao praticar o Prana Mudra, visualize a energia fluindo pelo corpo e nutrindo cada célula, revitalizando não apenas o sistema digestivo, mas também todo o organismo. Essa prática regular contribui para uma sensação de vigor e equilíbrio que transcende o físico, alcançando o emocional e o mental.

A eficácia dos Mudras aumenta significativamente quando associados a hábitos saudáveis. Reservar alguns minutos antes das refeições para praticá-los cria um ambiente interno mais receptivo à digestão, preparando o corpo para processar os alimentos com eficiência. Além disso, a mastigação consciente, a escolha de alimentos naturais e integrais, e a hidratação adequada complementam os benefícios dessas práticas, formando uma abordagem integrada para a saúde digestiva. Manter uma rotina regular de alimentação, evitando longos períodos de jejum ou excessos, também é fundamental para apoiar o equilíbrio do Agni.

Os Mudras não são apenas gestos terapêuticos, mas também um convite à atenção plena. Ao praticá-los, você aprende a ouvir os sinais do corpo e a responder a eles de maneira intuitiva, estabelecendo uma conexão mais profunda consigo mesmo. Essa escuta ativa ajuda a identificar padrões que podem estar prejudicando o funcionamento digestivo, como estresse ou escolhas alimentares inadequadas, e incentiva mudanças positivas que beneficiam o bem-estar geral.

Com o tempo, integrar os Mudras à rotina diária transforma não apenas a digestão, mas também a relação com o próprio corpo. A prática regular fortalece a consciência sobre os ritmos naturais do organismo, promovendo um estado de equilíbrio interno que se reflete em mais energia, disposição e clareza. Cada gesto se torna um lembrete de que o cuidado com a saúde começa por dentro, e que pequenas ações conscientes podem ter um impacto profundo na qualidade de vida.

Assim, ao adotar os Mudras como parte de uma abordagem holística para a digestão, você não está apenas aliviando desconfortos imediatos, mas também nutrindo uma base sólida para uma vida plena. Esses gestos simples são uma porta para o equilíbrio e a vitalidade, provando que, muitas vezes, o poder da transformação está literalmente ao alcance das mãos.

Os Mudras para digestão são mais do que gestos simbólicos; eles representam um convite à reconexão com os ritmos naturais do corpo. Quando praticados com regularidade, esses gestos ajudam a criar um ambiente interno propício à eficiência digestiva, promovendo equilíbrio e harmonia. A cada movimento consciente das mãos, a energia vital é redirecionada, despertando a força do Agni para realizar sua função essencial de transformar os alimentos em vida e vigor. Essa prática simples, porém poderosa, reforça o elo entre o corpo físico e os aspectos sutis da saúde.

Ao integrar os Mudras a uma rotina de cuidados que valorize o ritmo das refeições, a qualidade dos alimentos e a hidratação constante, você amplia os benefícios para além do sistema digestivo. Eles estimulam um estado de presença e atenção plena, resgatando o prazer de nutrir o corpo e respeitar suas necessidades. Pequenos ajustes na postura, na respiração e na forma de comer se alinham perfeitamente a essa prática, criando um ciclo virtuoso de bem-estar e energia renovada.

Com cada sessão de prática, os Mudras se tornam um lembrete de que o equilíbrio começa de dentro. Eles não apenas aliviam desconfortos digestivos, mas também promovem uma consciência mais ampla sobre os hábitos que sustentam uma vida saudável. Ao explorar essas técnicas com curiosidade e dedicação, você cultiva uma relação mais harmoniosa com o próprio corpo, permitindo que ele floresça em vitalidade e resiliência.

# Capítulo 14
## Mudras para Energia

A energia vital é o alicerce que sustenta todas as funções do corpo e da mente, influenciando diretamente a disposição, o bem-estar e a capacidade de alcançar metas. Em um mundo marcado por ritmos acelerados e múltiplas demandas, manter essa energia em equilíbrio é essencial para viver plenamente. Fatores como noites mal dormidas, alimentação inadequada e estresse constante podem drenar nossas reservas, resultando em cansaço persistente e desmotivação. Entretanto, métodos simples e eficazes, como a prática dos Mudras, podem ser poderosos aliados na restauração da energia e na reconexão com a vitalidade interior.

Os Mudras, gestos específicos realizados com as mãos, atuam como catalisadores para o equilíbrio energético, promovendo o fluxo harmonioso do Prana ou energia vital pelo corpo. Eles ativam centros energéticos e auxiliam no fortalecimento das reservas internas, reenergizando tanto o corpo quanto a mente. Além de serem uma prática acessível, os Mudras oferecem um ponto de partida para a autoconsciência, ajudando a identificar padrões que podem estar contribuindo para a exaustão e criando uma base sólida para escolhas mais saudáveis no dia a dia.

Integrar os Mudras à rotina diária, especialmente pela manhã, cria um momento de recarga que influencia positivamente o restante do dia. Aliados a práticas como respiração consciente, contato com a natureza e uma abordagem mental positiva, os Mudras fortalecem não apenas a energia física, mas também a clareza mental e a motivação. Essa conexão com a energia interior permite que você enfrente os desafios com mais vigor e entusiasmo, transformando pequenos gestos em um caminho eficaz para uma vida mais equilibrada, produtiva e cheia de propósito.

A energia vital é o motor que impulsiona nossas ações, pensamentos e emoções. Quando equilibrada, ela proporciona disposição, clareza mental e entusiasmo para enfrentar os desafios diários. No entanto, hábitos desregulados, noites mal dormidas e o impacto do estresse podem drená-la, criando uma sensação persistente de cansaço. Essa perda de energia muitas vezes se reflete em desmotivação e dificuldade de concentração. Felizmente, os Mudras oferecem uma solução prática e acessível para revitalizar o corpo e a mente, permitindo que a energia vital flua livremente e fortaleça as reservas internas.

Entre os gestos mais poderosos está o Prana Mudra, o "Mudra da Vida," que atua diretamente no fortalecimento da energia vital e no combate à fadiga. Ao unir as pontas dos dedos anelar e mínimo com o polegar, o praticante ativa o fluxo energético, promovendo uma sensação de vigor imediato. A prática, acompanhada por respirações profundas e conscientes, permite que a energia percorra todo o corpo, restaurando o equilíbrio e a vitalidade. Esse gesto simples pode ser realizado pela manhã para preparar o corpo para o dia, ou durante momentos de pausa para recarregar as forças.

Outra prática essencial é o Hakini Mudra, conhecido como o "Mudra da Mente," que foca na clareza mental e na concentração. Esse gesto é realizado unindo as pontas dos dedos de ambas as mãos, criando um circuito energético que estimula o cérebro. O Hakini Mudra é particularmente eficaz contra a fadiga mental, comum em um mundo sobrecarregado de informações e demandas. Ao visualizar a energia fluindo entre as mãos e alimentando a mente, o praticante experimenta uma renovação da lucidez e do foco, essenciais para lidar com tarefas complexas ou decisões importantes.

O Surya Mudra, ou "Mudra do Sol," trabalha de maneira diferente, intensificando o elemento fogo no corpo. Esse gesto, realizado dobrando o dedo anelar em direção à base do polegar, é uma poderosa ferramenta para aumentar a energia física e a disposição. Ele conecta o praticante com a energia solar simbólica, que aquece e energiza o corpo. Durante a prática, imaginar o calor do sol preenchendo cada célula intensifica os efeitos, trazendo uma sensação de entusiasmo renovado. Esse Mudra é especialmente útil em momentos de apatia ou quando a energia parece estagnada.

A eficácia dos Mudras é potencializada quando integrados a uma rotina matinal consciente. Praticá-los logo ao despertar não apenas ativa o corpo, mas também estabelece uma intenção positiva para o dia. Ao combiná-los com atividades físicas leves, como uma caminhada ou alongamento, o praticante intensifica o fluxo de Prana, criando um ambiente interno favorável ao bem-estar. Adotar uma alimentação equilibrada e nutritiva, rica em alimentos naturais, também é fundamental para sustentar os níveis de energia ao longo do dia.

Além disso, os pensamentos e emoções desempenham um papel crucial no equilíbrio energético. Cultivar gratidão, alegria e otimismo não apenas aumenta a energia vital, mas também fortalece a resiliência emocional. Assim, os Mudras, aliados a uma mentalidade positiva, se tornam ferramentas ainda mais eficazes para transformar a relação com o próprio corpo e mente. Reservar momentos para se conectar com a natureza também é um complemento valioso, pois o ar fresco e o ambiente natural revitalizam de forma única, ampliando os benefícios dessas práticas.

A prática regular dos Mudras para energia transcende o alívio imediato da fadiga. Ela promove uma reconexão com as fontes mais profundas de vitalidade que residem em cada indivíduo. Com o tempo, essa prática se torna um hábito transformador, mudando não apenas a forma como lidamos com a exaustão, mas também como percebemos a energia em nossa vida. A sensação de cansaço cede espaço a uma vitalidade sustentável, permitindo que os desafios sejam enfrentados com equilíbrio e entusiasmo.

Cada gesto praticado com intenção se torna um passo em direção a uma existência mais plena. Ao integrar os Mudras à sua rotina, você não está apenas recarregando sua energia, mas também cultivando uma presença mais consciente e conectada. Essa prática transforma a maneira como vivenciamos o dia a dia, criando um ciclo positivo de energia, clareza e motivação. Assim, os Mudras não apenas revitalizam o corpo, mas também despertam um senso mais profundo de propósito e harmonia, essenciais para uma vida verdadeiramente vibrante.

A prática dos Mudras para energia não se limita a combater a fadiga ou aumentar a disposição; ela também promove uma reconexão com as fontes mais profundas de vitalidade que residem em cada indivíduo. Esses gestos simples, mas carregados de significado, ajudam a desbloquear o fluxo energético, criando um ambiente interno de equilíbrio e renovação. Com cada prática, o corpo e a mente encontram uma harmonia que transcende o físico, abrindo espaço para um estado de presença e clareza que transforma a maneira como se vivencia o dia a dia.

Ao adotar os Mudras em sua rotina matinal ou durante momentos de pausa, você está investindo em uma recarga energética consciente. A repetição constante dessas práticas não apenas aumenta os níveis de energia imediatos, mas também fortalece a capacidade de resiliência diante das demandas cotidianas. Combinados com respirações profundas, um ambiente tranquilo e a intenção de revitalizar o corpo, os Mudras oferecem uma ferramenta poderosa para acessar o potencial pleno da sua energia vital.

Essa conexão com o fluxo interno de energia vital transforma a relação com o corpo e a mente, permitindo que você enfrente os desafios com maior entusiasmo e equilíbrio. Cada gesto é um lembrete de que a energia necessária para viver plenamente já está presente em você, esperando para ser cultivada e canalizada. Ao integrar os Mudras à sua vida, você não apenas recarrega suas forças, mas também cria um caminho de vitalidade e inspiração para todos os aspectos da sua existência.

# Capítulo 15
# Mudras para Imunidade

O sistema imunológico é a linha de defesa essencial do corpo contra ameaças externas, funcionando como um guardião que protege a saúde e mantém o equilíbrio interno. Esse mecanismo intricado é composto por células, tecidos e órgãos que trabalham em harmonia para identificar e neutralizar agentes patogênicos. Para preservar essa fortaleza interna, é crucial adotar práticas que promovam sua eficiência, sobretudo diante de fatores que podem enfraquecê-lo, como estresse excessivo, hábitos alimentares inadequados e privação de sono. Reconhecer a importância desse sistema e agir proativamente para fortalecê-lo é o primeiro passo para uma vida mais saudável e resistente.

A prática dos Mudras, gestos simbólicos com as mãos que direcionam e intensificam o fluxo de energia vital, é uma ferramenta acessível e eficaz para melhorar a imunidade. Esses gestos estimulam pontos energéticos e ajudam a equilibrar funções corporais essenciais, promovendo uma resposta imune mais robusta e eficiente. Ao atuar em níveis sutis, os Mudras harmonizam a mente e o corpo, fortalecendo não apenas a resistência física, mas também a resiliência emocional.

Essa abordagem integrativa é especialmente útil em tempos de maior exposição a fatores que fragilizam o sistema imunológico, como mudanças sazonais ou períodos de maior estresse.

Incorporar os Mudras à rotina diária representa um compromisso com o autocuidado e a saúde preventiva. Aliados a hábitos saudáveis, como uma alimentação rica em nutrientes, exercícios regulares e um sono reparador, eles potencializam a capacidade do corpo de se defender contra doenças. Cada gesto, ao ser realizado com atenção plena e respiração consciente, se torna um canal para a revitalização da energia e o fortalecimento das defesas naturais. Assim, a prática dos Mudras transcende sua simplicidade aparente, tornando-se um poderoso aliado na construção de um sistema imunológico forte, capaz de sustentar a vitalidade e o equilíbrio em todas as esferas da vida.

O sistema imunológico é uma estrutura intrincada e vital que age como a principal defesa do corpo contra ameaças externas, como vírus, bactérias e outros agentes patogênicos. Essa fortaleza interior, composta por uma rede de células, tecidos e órgãos, opera constantemente para identificar e neutralizar invasores, garantindo que o organismo se mantenha em equilíbrio. Quando robusto, o sistema imunológico não apenas combate infecções de forma eficiente, mas também previne doenças, criando um ambiente de vitalidade e bem-estar. Contudo, fatores como estresse, alimentação inadequada e sono insuficiente podem enfraquecer essa proteção, tornando essencial o uso de práticas que fortaleçam as defesas naturais do corpo.

Entre essas práticas, os Mudras se destacam como ferramentas simples e eficazes para promover a imunidade. Esses gestos simbólicos realizados com as mãos atuam diretamente no fluxo de energia vital, equilibrando funções corporais essenciais e fortalecendo a resistência natural do organismo. O Bronqui Mudra, por exemplo, é especialmente eficaz para a saúde dos pulmões e do sistema respiratório. Ao unir as pontas dos dedos mínimo e anelar com o polegar, enquanto os outros dedos permanecem relaxados, o praticante estimula a respiração profunda e fortalece os pulmões, aumentando a resistência a infecções respiratórias. Durante a prática, visualizar uma energia revitalizante fluindo para os pulmões intensifica os benefícios, promovendo um senso imediato de frescor e vigor.

Outro gesto poderoso é o Matangi Mudra, conhecido como o "Mudra da Deusa da Sabedoria." Realizado unindo as mãos em frente ao plexo solar, com os dedos médios entrelaçados e os polegares pressionados um contra o outro, ele equilibra o sistema digestivo e fortalece o sistema imunológico como um todo. Essa prática é particularmente útil para aumentar a resistência a doenças, especialmente durante períodos de maior exposição a agentes infecciosos. Ao realizar o Matangi Mudra, imagine a energia fluindo harmoniosamente pelo corpo, fortalecendo as defesas naturais e promovendo estabilidade interna.

O Prana Mudra, ou "Mudra da Vida," também desempenha um papel crucial no fortalecimento da imunidade. Ao unir as pontas dos dedos anelar e mínimo com o polegar, o praticante ativa a energia vital que percorre todo o corpo, combatendo a fadiga e promovendo a regeneração celular. Esse gesto simples, quando combinado com respirações conscientes, não apenas aumenta a energia física, mas também melhora a capacidade do corpo de resistir a doenças. A prática regular do Prana Mudra é uma forma eficaz de manter o sistema imunológico em alerta, permitindo que ele responda prontamente a quaisquer desafios.

Os Mudras, embora poderosos, são ainda mais eficazes quando aliados a um estilo de vida saudável. Uma alimentação rica em nutrientes, que inclua frutas, vegetais, grãos integrais e alimentos frescos, é fundamental para fornecer ao corpo os elementos necessários para manter a imunidade elevada. Da mesma forma, o sono reparador e os exercícios regulares contribuem para a saúde geral, criando uma base sólida para a prática dos Mudras. Reservar tempo para estar em contato com a natureza também amplifica os benefícios, pois ambientes naturais oferecem energia renovadora que complementa os gestos simbólicos.

Além dos aspectos físicos, os pensamentos e emoções desempenham um papel importante na manutenção da imunidade. Cultivar pensamentos positivos e emoções elevadas, como gratidão, alegria e otimismo, ajuda a fortalecer o sistema imunológico, reduzindo os efeitos nocivos do estresse. Durante a prática dos Mudras, incorporar visualizações positivas e intenções de saúde pode potencializar ainda mais os resultados, criando uma conexão profunda entre a mente e o corpo.

Com consistência e dedicação, os Mudras para imunidade se tornam uma prática transformadora que transcende a simples prevenção de doenças. Eles promovem uma reconexão com as forças vitais que sustentam o corpo e a mente, criando um espaço de calma e revitalização. Cada gesto se transforma em um convite para fortalecer não apenas o físico, mas também o emocional e o espiritual, despertando uma consciência mais ampla sobre o papel do equilíbrio interno na saúde geral.

Ao integrar os Mudras à sua rotina diária, você adota uma abordagem proativa para a saúde, investindo em autocuidado e resiliência. Essas práticas simples não apenas protegem contra invasores externos, mas também promovem uma sensação de força e estabilidade interior que ressoa em todas as áreas da vida. Os benefícios vão além do físico, alcançando uma dimensão mais profunda de bem-estar e harmonia, que se reflete na maneira como você vivencia cada momento. Assim, os Mudras para imunidade oferecem mais do que proteção; eles abrem um caminho para uma vida mais equilibrada, vital e conectada.

A prática dos Mudras para a imunidade transcende a simples movimentação das mãos, funcionando como um convite para reconectar-se com as forças vitais que sustentam o corpo e a mente. Esses gestos não apenas fortalecem as defesas do organismo, mas também despertam uma consciência mais ampla sobre o papel do equilíbrio interno na saúde geral. Através da prática diária, os Mudras criam um espaço de calma e revitalização, permitindo que o sistema imunológico funcione em sua plenitude e respondendo de forma eficaz aos desafios que possam surgir.

Aliar os Mudras a um estilo de vida saudável amplifica seus benefícios, construindo uma base sólida para a prevenção de doenças e a promoção do bem-estar. Cada gesto, acompanhado por respirações profundas e visualizações positivas, reforça o poder do corpo de se regenerar e prosperar. Ao criar uma rotina que inclui gestos simples, mas profundamente transformadores, você fortalece não apenas sua imunidade, mas também sua capacidade de lidar com o estresse e os desequilíbrios cotidianos.

Esse compromisso com a prática dos Mudras se torna uma jornada de autocuidado e empoderamento. Eles não apenas protegem o corpo contra invasores externos, mas também nutrem uma sensação de força e estabilidade interior. Com consistência e intenção, os Mudras para imunidade revelam seu verdadeiro potencial: um caminho de equilíbrio, resiliência e saúde integral, que transcende o físico e ressoa em todas as dimensões da vida.

# Capítulo 16
# Mudras para o Amor

O amor é uma força primordial que pulsa em todas as dimensões da existência humana, essencial para a construção de relações significativas e para a nossa conexão com o mundo. Ele se manifesta de formas diversas, seja como o amor por si mesmo, o cuidado com os outros, ou a compaixão universal. No entanto, essa energia pode ser ofuscada por traumas, padrões emocionais negativos e crenças que restringem nossa capacidade de dar e receber amor plenamente. A restauração dessa energia vital é um processo transformador, que começa com o entendimento de que o amor está sempre disponível dentro de nós, esperando ser acessado e compartilhado.

Reconectar-se com o fluxo natural do amor requer não apenas a cura de feridas internas, mas também a prática de atitudes que promovam abertura emocional, confiança e empatia. Os Mudras, gestos simbólicos das mãos, oferecem uma abordagem prática e poderosa para essa transformação. Esses movimentos, além de equilibrar as energias sutis do corpo, agem como um catalisador para dissolver bloqueios emocionais e facilitar o fluxo do amor em todas as suas formas. Assim, por meio da prática intencional dos Mudras, é possível cultivar um estado de harmonia interna que reflete nos relacionamentos externos.

Ao integrar os Mudras em nossa rotina, criamos um espaço sagrado para nutrir o amor, superar o isolamento e fortalecer os laços que nos conectam ao mundo. Cada gesto carrega consigo um significado profundo e atua como uma chave para abrir portas emocionais que antes pareciam trancadas. É nesse processo de descoberta e prática que aprendemos não apenas a atrair o amor, mas também a vivenciá-lo de maneira plena, como uma força transformadora que enriquece a vida em todos os aspectos.

O coração é o centro energético que reflete o amor e a compaixão, um portal que transcende barreiras emocionais e conecta nossa essência à de outros seres. Quando está aberto, ele pulsa em harmonia com a vida, permitindo-nos sentir alegria genuína, serenidade e uma profunda sensação de pertencimento. Porém, quando fechado ou ferido, transforma-se em um escudo, alimentando o isolamento e o medo de se entregar ao amor, seja ele próprio ou vindo de terceiros. Esse bloqueio pode ser revertido, e os Mudras, gestos poderosos que alinham nossa energia vital, são ferramentas valiosas para auxiliar nesse processo de cura.

Entre os diversos Mudras, o Padma Mudra se destaca por simbolizar a pureza e a renovação emocional. Ele é realizado unindo as bases das palmas das mãos e permitindo que os dedos se abram suavemente, como uma flor de lótus desabrochando. Esse gesto evoca a imagem de um coração se abrindo, pronto para acolher a compaixão e o amor incondicional. Sua prática cria um espaço interno de serenidade, ajudando a liberar mágoas antigas e a cultivar uma postura mais receptiva diante da vida. Ao posicionar as mãos à frente do peito, com os olhos fechados e a respiração fluida, é possível visualizar o coração como uma flor que se expande a cada inspiração, enchendo o corpo de luz e calor.

De igual importância é o Anjali Mudra, gesto de saudação que une as palmas das mãos em frente ao peito. Ele transcende o simples ato de união das mãos, pois simboliza respeito, gratidão e a busca por equilíbrio nos relacionamentos. Ao posicionar as mãos nessa postura, criamos uma intenção de harmonia, reconhecendo o amor como uma força que nos une a tudo ao nosso redor. Durante a prática, cada respiração profunda é um convite para a introspecção, onde cultivamos gratidão pelo amor que já existe em nossas vidas e por todas as oportunidades de conexão que nos aguardam. O Anjali Mudra nos lembra que amar não é apenas sentir, mas também agradecer e honrar essa energia em todas as suas formas.

O Ahamkara Mudra, por sua vez, foca na dissolução do ego, elemento que frequentemente se interpõe entre nós e o amor pleno. Ao dobrar o dedo indicador e pressioná-lo contra o polegar, criamos um gesto que simboliza a rendição do orgulho e da arrogância, permitindo que a humildade e a compaixão tomem o seu lugar. Durante a prática, a respiração se torna uma aliada para visualizar o ego se desmanchando como fumaça, enquanto o coração se enche de espaço para o amor verdadeiro. Essa libertação das amarras do ego abre caminho para relações mais autênticas, onde o amor pode fluir sem restrições, alimentando conexões genuínas e livres de julgamentos.

A prática intencional desses Mudras transcende a mecânica dos gestos. Ao unir respiração, intenção e visualização, cada movimento das mãos se transforma em um portal para o amor e a cura. O ato de visualizarmos o amor como uma energia vibrante, que flui por nossos corpos e se irradia para além de nós, ajuda a materializar esse sentimento em nossas vidas cotidianas. Por meio de afirmações como "Eu sou amor" e "Eu sou digno de amar e ser amado", reprogramamos nossa mente para reconhecer e atrair o amor em todas as suas manifestações. Essas práticas são enriquecidas pela gratidão, que age como um poderoso catalisador, iluminando tanto os momentos de conexão quanto os de aprendizado que nos moldaram.

Os Mudras não são apenas gestos simbólicos, mas também declarações de compromisso com nosso próprio crescimento emocional e espiritual. Eles nos ensinam que o amor deve ser vivenciado como uma prática diária, uma escolha consciente de abertura e acolhimento. Por meio deles, aprendemos a transformar bloqueios em pontes, fortalecendo os laços que nos unem ao mundo e às pessoas ao nosso redor. Cada gesto, como o desabrochar do Padma Mudra ou a união simbólica do Anjali Mudra, carrega um significado profundo, que ressoa em nosso corpo, mente e espírito. À medida que dissolvemos as barreiras do ego com o Ahamkara Mudra, nos aproximamos de uma versão mais pura de nós mesmos, aquela que é capaz de amar sem medo ou restrições.

Ao incorporar esses gestos em nossa rotina, criamos um espaço sagrado para explorar o amor em sua plenitude. Essa jornada vai além do simples desejo de ser amado; trata-se de reconhecer que o amor é uma energia abundante, que flui de dentro para fora, transformando-nos e ao mundo ao nosso redor. Assim, os Mudras nos convidam a vivenciar o amor não como um destino final, mas como uma força viva, que pulsa em cada gesto, em cada respiração e em cada conexão que construímos.

Os Mudras para o amor são mais do que gestos; são portais que nos conectam com a essência do que significa amar e ser amado. Eles oferecem uma oportunidade de transcendência, permitindo que cada movimento seja um convite para a cura e o fortalecimento do nosso centro emocional. Ao unir intenção, respiração e simbolismo, essas práticas nos lembram que o amor não é apenas um destino, mas uma jornada contínua de abertura e acolhimento. O ato de praticá-los é, em si, uma declaração de compromisso com o nosso crescimento emocional e espiritual.

No fluxo dessa prática, o amor torna-se uma força tangível, vibrando em nossas interações e transformando nossos relacionamentos. Cada gesto, como o Padma Mudra ou o Anjali Mudra, age como uma ponte entre o físico e o espiritual, reafirmando nossa conexão com o mundo e com o que há de mais puro em nós. E, ao dissolver as barreiras do ego com o Ahamkara Mudra, descobrimos uma nova liberdade em compartilhar nossos sentimentos sem medo, nutrindo laços mais profundos e verdadeiros.

Os Mudras, portanto, nos ensinam que o amor não se limita a ser sentido, mas também deve ser praticado, alimentado e celebrado. Quando integramos esses gestos à nossa rotina, escolhemos conscientemente viver com mais leveza, autenticidade e propósito. Assim, cada movimento das mãos se transforma em um ato de amor — por nós mesmos, pelo outro e pelo universo que nos acolhe.

# Capítulo 17
## Mudras para Prosperidade

A prosperidade é uma expressão natural do fluxo harmônico entre nosso estado interior e as energias universais que nos cercam. Ela vai além da riqueza material, abrangendo saúde, bem-estar emocional, conexões significativas e uma vida espiritual plena. Esse estado de abundância não é privilégio de poucos, mas um potencial inerente a todos. Contudo, muitas vezes, crenças limitantes e padrões de escassez adquiridos ao longo da vida atuam como barreiras invisíveis, bloqueando a manifestação da prosperidade e criando sentimentos de frustração e carência. Superar essas limitações é um processo que exige autoconhecimento, intenção clara e a disposição de abrir o coração para a abundância que o universo oferece.

Reestabelecer o fluxo da prosperidade começa com a conscientização de que somos cocriadores da nossa realidade. Quando cultivamos pensamentos e emoções alinhados à abundância, fortalecemos a nossa conexão com a energia universal e criamos as condições ideais para que nossos desejos se realizem. Nesse contexto, os Mudras se apresentam como poderosas ferramentas que trabalham tanto no campo energético quanto no mental. Com gestos simples, mas carregados de simbolismo, eles dissolvem bloqueios, equilibram as energias sutis do corpo e despertam a confiança em nossa capacidade de atrair e sustentar a prosperidade.

Ao integrar os Mudras em nossa prática diária, não apenas potencializamos a manifestação de desejos específicos, mas também cultivamos uma mentalidade de gratidão e generosidade. Esses gestos intencionais nos ajudam a acessar a abundância que já está presente em nossas vidas, fortalecendo a consciência de que prosperar é um direito natural e acessível a todos que estejam dispostos a se abrir para esse fluxo. Assim, os Mudras não são apenas técnicas, mas também convites para uma transformação mais ampla, que abrange nossa relação com nós mesmos, com os outros e com o universo.

O universo é uma fonte infinita de abundância, sempre disponível para se manifestar em nossas vidas das mais diversas formas. A prosperidade não é um privilégio reservado a poucos, mas um direito natural de todos os seres que reconhecem seu valor e se abrem para receber as bênçãos universais. Quando alinhamos nossas intenções com a energia da abundância, permitimos que ela flua livremente em todas as áreas da nossa vida, trazendo saúde, conexões significativas, bem-estar emocional e espiritual. Esse alinhamento exige mais do que desejo; ele requer uma postura de gratidão, generosidade e a consciência de que a verdadeira prosperidade nasce de dentro.

Entre as práticas que auxiliam na abertura desse fluxo, os Mudras se destacam como ferramentas poderosas para atrair e manifestar abundância. Um dos gestos mais simbólicos e eficazes é o Kubera Mudra, conhecido como o Mudra do Deus da Riqueza. Ao unir as pontas dos dedos polegar, indicador e médio, criamos uma conexão com a energia de Kubera, evocando sua força para remover obstáculos e atrair prosperidade. Esse gesto carrega a intenção de manifestação clara, onde cada desejo é reforçado por um foco mental profundo e pela visualização de nossos objetivos se concretizando. Durante a prática, o ato de visualizar abundância fluindo com facilidade intensifica sua eficácia, conectando-nos com o potencial ilimitado do universo.

Outra prática transformadora é o Lakshmi Mudra, que honra a deusa da prosperidade, beleza e boa sorte. Com as mãos em forma de conchas e os polegares unidos, este Mudra cria um recipiente simbólico para acolher as bênçãos da deusa. Durante a meditação, ele é um lembrete tangível de que a gratidão é o catalisador mais poderoso para a abundância. Quando visualizamos a energia de Lakshmi fluindo em nossas vidas, preenchemos cada aspecto da nossa existência com luz, oportunidades e realizações. Essa prática vai além do material; ela desperta em nós a consciência de que a prosperidade é também um estado de espírito, cultivado pela percepção das riquezas que já possuímos.

O Varaha Mudra, simbolizando a força e a determinação, é um gesto de empoderamento que nos conecta com nossa capacidade de superar desafios e concretizar metas. Ao envolver o punho esquerdo com a mão direita, criamos uma postura que simboliza a união da força interior com a ação prática. Este Mudra nos lembra que a prosperidade não é apenas um estado passivo de recepção, mas também uma dança ativa entre desejo, esforço e fé. Durante a prática, ao visualizar nossos objetivos sendo alcançados, reforçamos nossa confiança e clareza, dissolvendo bloqueios energéticos e fortalecendo nossa determinação para transformar intenções em realizações.

A eficácia desses gestos vai muito além de suas formas físicas. Eles agem como chaves para acessar a abundância que já está presente, mas que muitas vezes é obscurecida por crenças limitantes ou padrões de escassez. Cada Mudra carrega uma mensagem poderosa: o Kubera nos convida a acreditar em nosso poder de manifestação, o Lakshmi nos lembra da importância da gratidão e o Varaha nos ensina que a ação é essencial para concretizar sonhos. Juntos, eles compõem um caminho harmonioso para realinhar nossas energias com o fluxo universal.

Além de praticar os Mudras, cultivar uma mentalidade de prosperidade é fundamental. A prática de afirmações como "Eu sou próspero" ou "Eu mereço uma vida abundante e plena" reprograma nossa mente para reconhecer e atrair o que desejamos. Visualizar a prosperidade fluindo em todas as áreas da vida—financeira, emocional, espiritual—potencializa a energia dos gestos e nos mantém focados em nossas intenções. Complementando isso, o ato de compartilhar, seja através de gestos generosos ou de pequenas atitudes, fortalece o fluxo da abundância, criando um ciclo de dar e receber que se retroalimenta continuamente.

Os Mudras para prosperidade são, portanto, mais do que simples gestos; são convites para uma jornada de transformação interna e externa. Cada prática nos guia para um estado de consciência onde reconhecemos que prosperar é tanto um direito quanto uma escolha. Ao integrarmos essas posturas em nossa rotina, criamos momentos de introspecção e alinhamento, fortalecendo nosso compromisso com uma vida abundante. Essa integração nos lembra que a verdadeira riqueza não reside apenas no material, mas no equilíbrio entre mente, corpo e espírito.

A prosperidade flui naturalmente quando estamos em harmonia com o universo, e os Mudras nos oferecem uma ponte para esse alinhamento. Eles dissolvem bloqueios, despertam nossa capacidade de cocriar e nos conectam com uma fonte infinita de possibilidades. Por meio dessa prática, percebemos que prosperidade não é apenas algo que buscamos, mas um estado de ser que cultivamos ao viver com gratidão, generosidade e amor pelo que somos e compartilhamos. Assim, cada gesto se torna uma declaração de confiança no fluxo da vida, transformando-nos em canais vivos de abundância e plenitude.

Os Mudras para prosperidade nos ensinam que a abundância é uma energia que flui com maior facilidade quando nos abrimos para ela de forma consciente e confiante. A prática dessas posturas não apenas dissolve bloqueios, mas também reprograma nossa mente para reconhecer a riqueza já presente em nossa vida. Cada gesto, como o Kubera, o Lakshmi ou o Varaha Mudra, simboliza uma jornada de alinhamento entre nossas intenções e o fluxo universal, reforçando que somos cocriadores da realidade que desejamos manifestar.

Ao integrar esses Mudras em nossa rotina, criamos um espaço de introspecção e clareza, permitindo que nossas metas e sonhos ganhem forma com naturalidade. Essa prática nos lembra que prosperidade não é algo que buscamos externamente, mas um estado de ser, cultivado por meio da gratidão, do equilíbrio e do amor pelo que fazemos e compartilhamos. É uma dança sutil entre dar e receber, onde cada gesto carrega uma intenção de abundância que transcende o material e toca o espiritual.

Assim, a prática dos Mudras para prosperidade não apenas nos conecta ao universo de possibilidades infinitas, mas também nos fortalece internamente. Ela nos ensina que a verdadeira prosperidade nasce de um coração generoso, de uma mente aberta e de uma alma em paz com o fluxo natural da vida. Quando abraçamos essa perspectiva, nos tornamos canais vivos de abundância, experimentando uma existência plena, significativa e harmoniosa.

# Capítulo 18
## Mudras para Criatividade

A criatividade é uma força essencial e inata, presente em todos os indivíduos, que nos impulsiona a explorar novas possibilidades, expressar nossa essência e transformar o mundo ao nosso redor. Ela transcende as artes tradicionais e se manifesta em todas as esferas da vida, desde a solução de problemas cotidianos até a inovação em campos como a ciência, os negócios e os relacionamentos. Contudo, essa energia criativa pode ser bloqueada por medos, autocrítica excessiva ou padrões de pensamento rígidos, restringindo o potencial de criação e impedindo uma expressão genuína e expansiva de quem somos. Liberar essa força exige um movimento consciente de superação dessas barreiras, acessando a imaginação e a espontaneidade que habitam nosso interior.

Reconectar-se com a criatividade requer criar um espaço interno de liberdade e aceitação, onde ideias possam fluir sem julgamentos e a experimentação seja bem-vinda. Os Mudras, ao harmonizarem o fluxo de energia vital, desempenham um papel fundamental nesse processo. Esses gestos simbólicos das mãos agem como portais para desbloquear o potencial criador, equilibrando as energias internas e abrindo o caminho para a manifestação de novas ideias. Com prática consistente e intenção clara, os Mudras ajudam a dissolver tensões emocionais e mentais que restringem a criatividade, permitindo que a inspiração flua livremente.

Integrar os Mudras à rotina diária não apenas desperta a imaginação, mas também promove uma conexão profunda com nossa sabedoria interior. Essa prática nos incentiva a expressar nossa individualidade com autenticidade, transformando bloqueios em oportunidades e medos em coragem para inovar. Assim, a criatividade deixa de ser um esforço e se torna um estado natural de ser, refletindo a riqueza do nosso mundo interior e contribuindo para uma vida mais rica, significativa e alinhada com o nosso propósito.

A criatividade é como uma chama interna que ilumina e transforma, inspirando a criação de novas possibilidades e a expressão da nossa singularidade. Essa energia poderosa nos conecta a uma fonte infinita de ideias e potencialidades, permitindo-nos moldar o mundo ao nosso redor de maneiras autênticas e inovadoras. Ao abrir-se para a criatividade, a vida torna-se uma tela em branco, pronta para receber as cores e formas dos nossos sonhos mais profundos. Contudo, essa conexão com nossa essência criativa pode ser obscurecida por bloqueios emocionais, medo do julgamento ou padrões rígidos de pensamento, limitando a capacidade de manifestar nossa verdadeira expressão. Para resgatar essa força, é essencial superar essas barreiras, criando um espaço interno onde a imaginação e a espontaneidade possam fluir livremente.

Entre as práticas que ajudam a liberar e expandir a criatividade, os Mudras se destacam como ferramentas poderosas e acessíveis. Um dos gestos mais reconhecidos para esse fim é o **Gyan Mudra**, o Mudra do Conhecimento, que estimula o fluxo de energia para o cérebro, promovendo clareza mental, concentração e intuição. Ao unir as pontas do dedo indicador e do polegar, formamos um círculo que simboliza a união entre o microcosmo e o macrocosmo, abrindo um canal para o fluxo de ideias e inspiração. Durante sua prática, é possível visualizar um feixe de luz conectando o cérebro a uma fonte infinita de criatividade, clareando dúvidas e despertando novas perspectivas. Esse Mudra reforça a capacidade de trazer soluções criativas e inovadoras para os desafios do dia a dia.

Complementando o Gyan Mudra, o **Buddhi Mudra**, ou Mudra da Intuição, foca em despertar a sabedoria interior e a fluidez de expressão. Unindo as pontas dos dedos mínimo e polegar, conectamos a energia relacionada à comunicação e à intuição, criando um canal para expressar ideias com autenticidade e profundidade. Durante sua prática, é importante concentrar-se em respirar profundamente e visualizar uma corrente de energia fluindo do coração para a mente, dissolvendo bloqueios e permitindo que as ideias tomem forma com clareza. Esse gesto nos lembra que a intuição é uma aliada indispensável no processo criativo, guiando-nos para caminhos que muitas vezes transcendem a lógica convencional.

Por sua vez, o **Ksepana Mudra**, o Mudra da Liberação, é um gesto que promove a remoção de energias negativas e bloqueios criativos. Realizado com os dedos entrelaçados e as palmas voltadas para baixo, ele simboliza a limpeza energética e a renovação, criando espaço para o novo. Durante a prática, visualizar a liberação de pensamentos limitantes e emoções negativas ajuda a criar uma sensação de leveza e abertura. Esse Mudra é especialmente útil para momentos em que nos sentimos presos ou incapazes de acessar nossa criatividade, funcionando como um ritual de purificação que nos prepara para receber inspiração de maneira mais plena.

    Esses gestos vão além de simples posições das mãos; eles criam um espaço interno de liberdade onde a criatividade pode prosperar. Ao praticar os Mudras com intenção, é possível alinhar corpo, mente e espírito com a energia criativa universal, permitindo que ela flua sem restrições. Para potencializar essa experiência, criar um ambiente inspirador é essencial. Cercar-se de arte, música, natureza ou qualquer elemento que estimule a imaginação amplia as possibilidades criativas. Além disso, experimentar novas formas de expressão, como desenhar, dançar ou escrever, pode desbloquear caminhos inesperados para a criatividade, revelando facetas desconhecidas de nossa essência.

    Outro aspecto fundamental para nutrir a criatividade é abandonar o medo do erro e abraçar a experimentação. A criatividade floresce na liberdade de explorar o desconhecido, de arriscar e de aceitar que nem toda tentativa resultará em sucesso imediato. Cada gesto, como o Gyan ou o Buddhi Mudra, nos convida a confiar na nossa capacidade de criar, independentemente do resultado final. Esse processo de confiança é sustentado pela intuição, uma bússola interna que guia nossas ações e decisões criativas, conectando-nos a um fluxo contínuo de ideias e possibilidades.

Os Mudras para criatividade não apenas desbloqueiam o potencial criativo, mas também reforçam a conexão entre nossa essência interior e a energia do universo. O Gyan Mudra intensifica nossa clareza mental, o Buddhi Mudra desperta a sabedoria intuitiva e o Ksepana Mudra limpa os caminhos para que a inspiração flua livremente. Juntos, eles formam uma prática completa que transforma desafios criativos em oportunidades de crescimento e inovação.

Ao integrar esses gestos à nossa rotina, passamos a enxergar a criatividade como uma chama constante, sempre pronta a iluminar nossos pensamentos e ações. Cada gesto e respiração se tornam parte de um ritual que alimenta nossa espontaneidade e coragem para experimentar. Essa prática não apenas libera a imaginação, mas também fortalece nossa conexão com nossa essência, permitindo-nos criar a partir de um lugar de autenticidade e plenitude. Assim, a criatividade deixa de ser vista como um esforço e passa a ser vivida como uma celebração contínua de quem somos e do que podemos realizar.

Os Mudras para criatividade nos convidam a explorar a riqueza de nosso mundo interior e a transformar nossas ideias em expressões autênticas. Gestos como o Gyan Mudra, que intensifica a clareza mental, o Buddhi Mudra, que desperta a intuição, e o Ksepana Mudra, que libera bloqueios, não são apenas práticas simbólicas, mas também ferramentas para acessar a inspiração e dissolver barreiras. Através deles, redescobrimos a fluidez da criação, permitindo que o novo emerja com naturalidade e propósito.

Ao adotar essas práticas, passamos a perceber a criatividade como uma chama constante que ilumina todos os aspectos de nossa existência. Cada gesto e respiração sincronizada abre espaço para a espontaneidade e para o fluxo criativo, oferecendo não apenas soluções práticas, mas também oportunidades de autodescoberta. É nesse processo que reconhecemos que a criatividade não é privilégio de poucos, mas uma energia universal disponível para todos que se permitem acessá-la com abertura e confiança.

Os Mudras, portanto, nos relembram que a criatividade é uma jornada de conexão consigo mesmo e com o universo. Ao integrá-los em nosso dia a dia, nutrimos a coragem de experimentar e a liberdade de imaginar, transformando desafios em possibilidades e sonhos em realidade. Dessa forma, a prática se torna não apenas um meio de desbloqueio criativo, mas uma celebração contínua da expressão única e ilimitada de quem somos.

# Capítulo 19
# Mudras para Intuição

A intuição é uma habilidade intrínseca que permite acessar a sabedoria profunda que habita em cada indivíduo, funcionando como uma bússola que orienta nossas decisões e ações. Ela transcende a lógica, emergindo como insights claros, pressentimentos ou inspirações que nos conectam com a verdade essencial. Contudo, em um mundo saturado de estímulos externos e ritmo acelerado, a voz da intuição muitas vezes é abafada, dificultando a conexão com nosso Eu Superior e com os sinais sutis que a vida nos apresenta. Reestabelecer essa conexão é um processo de reconciliação com o silêncio interior, a confiança em si mesmo e a disposição de ouvir o que há além do ruído.

A prática de ouvir e confiar na intuição envolve criar um espaço de calma interior e desenvolver uma percepção refinada para os sinais sutis do corpo, da mente e do espírito. É nesse contexto que os Mudras, gestos ancestrais das mãos, oferecem um caminho poderoso para desbloquear o acesso à sabedoria interior. Por meio da harmonização das energias vitais, esses gestos estimulam centros energéticos específicos, acalmam a mente e aumentam a sensibilidade às mensagens intuitivas. Com regularidade e intenção, a prática dos Mudras pode despertar nosso potencial intuitivo e fortalecer a clareza necessária para navegar pela vida com confiança.

Ao incorporar os Mudras como parte de uma prática consciente, não apenas cultivamos um estado de presença, mas também abrimos um canal direto para acessar o Eu Superior e a sabedoria universal. Esses gestos simples, quando combinados com respirações profundas e meditação, criam um campo fértil para o florescimento da intuição. Assim, a jornada para ouvir e confiar na intuição se transforma em um ato de reconexão com a essência de quem somos, promovendo uma vida mais alinhada, fluida e repleta de propósito.

A intuição é como um fio invisível que conecta a mente consciente às profundezas da sabedoria universal, funcionando como uma bússola que guia nossos passos com clareza e propósito. Contudo, essa habilidade inata frequentemente é silenciada pelo ritmo frenético da vida e pelo excesso de estímulos que dispersam a atenção. Reconectar-se com a voz da intuição é um ato de reconciliação com o silêncio, um retorno ao estado de confiança na própria essência e uma abertura para ouvir o que o ruído cotidiano insiste em ocultar.

O despertar da intuição requer a criação de um espaço de quietude e presença interior. Esse espaço é cultivado com práticas que refinam nossa sensibilidade aos sinais sutis do corpo, da mente e do espírito. Nesse contexto, os Mudras desempenham um papel fundamental. Esses gestos ancestrais, que direcionam o fluxo de energia vital, são capazes de harmonizar a mente e aumentar a percepção, permitindo que a intuição floresça de maneira natural e desimpedida. Quando praticados com regularidade e intenção, os Mudras ampliam a clareza mental e fortalecem o vínculo com nosso Eu Superior, abrindo caminhos para escolhas mais conscientes e alinhadas.

Entre os Mudras voltados ao desenvolvimento intuitivo, o **Hakini Mudra**, também conhecido como Mudra da Mente, destaca-se por sua capacidade de integrar lógica e intuição. Esse gesto, realizado unindo as pontas dos dedos de ambas as mãos, cria uma conexão simbólica entre os hemisférios cerebrais, promovendo um estado de equilíbrio mental. Ao visualizarmos a energia fluindo entre os dedos enquanto respiramos profundamente, a mente se torna um terreno fértil para insights e reflexões que transcendem o racional, permitindo que a intuição se manifeste com maior clareza.

Outro gesto essencial para despertar a intuição é o **Ajna Mudra**, ou Mudra do Terceiro Olho. Esse Mudra, que estimula diretamente o chakra Ajna, localizado entre as sobrancelhas, é um poderoso aliado na amplificação da percepção intuitiva. Ao unir as pontas do polegar e do indicador, formando um círculo, e descansar as mãos sobre os joelhos, o praticante cria um canal energético que desperta a visão interior e facilita a conexão com dimensões mais sutis da realidade. Durante a prática, cada respiração aprofunda a sensação de conexão com o terceiro olho, ativando a sabedoria que transcende as aparências superficiais.

O **Dhyana Mudra**, por sua vez, é uma prática que combina serenidade e concentração. Realizado com as mãos repousando sobre o colo, uma sobre a outra, com os polegares unidos, esse gesto acalma a mente e cria as condições ideais para que a intuição se revele. Ao adotar uma postura confortável, com a coluna ereta e os ombros relaxados, e concentrar-se na respiração, o praticante entra em um estado meditativo que facilita o acesso a estados de clareza e introspecção, onde as respostas intuitivas se tornam evidentes.

Para que a prática com esses Mudras seja mais eficaz, é essencial criar um ambiente que favoreça a introspecção. Um espaço tranquilo e livre de distrações serve como um refúgio para o encontro com o silêncio interior. A meditação e o mindfulness também desempenham um papel central nesse processo, ao desacelerar a mente e ampliar a percepção do momento presente. Durante esses momentos de conexão, prestar atenção aos pressentimentos e inspirações que surgem é um exercício de confiança na própria intuição, um hábito que se fortalece com o tempo e a prática regular.

Manter um diário de intuições e insights pode ser uma ferramenta valiosa para consolidar essa habilidade. Registrar as percepções que emergem durante a prática ou no cotidiano ajuda a refinar a sensibilidade aos sinais internos e externos, além de oferecer um registro das jornadas intuitivas. Esse exercício de auto-observação não apenas fortalece a conexão com a intuição, mas também proporciona um entendimento mais profundo das próprias emoções e padrões.

Incorporar os Mudras para intuição em uma rotina diária é um convite para retornar ao centro de nosso ser, onde a sabedoria interior se manifesta sem esforço.

Gestos como o Hakini Mudra, que promove equilíbrio mental, o Ajna Mudra, que desperta o terceiro olho, e o Dhyana Mudra, que aprofunda a meditação, criam um estado de harmonia que transcende o físico e nos conecta à fonte universal de conhecimento. Ao confiar nesse processo, aprendemos que a intuição não é um mistério reservado a poucos, mas uma habilidade acessível a todos que cultivam a presença e o silêncio.

Esses gestos ancestrais nos ensinam que a intuição é mais uma questão de ouvir do que de buscar. Ela emerge quando nos permitimos estar presentes, receptivos e confiantes na sabedoria que já habita em nós. Cada prática transforma-se, assim, em uma celebração da conexão com o Eu Superior, um ato de alinhamento com o que há de mais autêntico em nossa essência. Ao seguir os sussurros da intuição, descobrimos um caminho de maior clareza, fluidez e propósito, onde cada passo é guiado pela voz do que é verdadeiro e essencial.

Os Mudras para intuição nos convidam a retornar ao centro silencioso de nosso ser, onde a sabedoria interior floresce sem esforço. Práticas como o Hakini Mudra, que integra lógica e intuição, o Ajna Mudra, que desperta o terceiro olho, e o Dhyana Mudra, que aprofunda a meditação, não apenas facilitam o acesso a estados de clareza, mas também fortalecem a confiança na voz interior. Cada gesto é uma ferramenta que transcende o físico, ajudando-nos a sintonizar com a fonte universal de conhecimento.

Ao adotar esses Mudras como parte de um ritual diário, aprendemos a ouvir os sinais sutis que constantemente nos rodeiam. Eles nos ensinam que a intuição não é um dom reservado a poucos, mas uma habilidade acessível a todos que cultivam a presença e o equilíbrio interno. Nesse estado de harmonia, nossos insights se tornam mais nítidos, e nossas decisões refletem um alinhamento maior com nossa verdadeira essência, criando um fluxo mais natural em nossa vida.

Esses gestos ancestrais nos lembram que, para acessar nossa sabedoria interior, basta confiar no silêncio e permitir que a intuição se manifeste. O processo não é sobre forçar respostas, mas sobre estar receptivo a elas, reconhecendo-as como parte do nosso próprio poder inato. Assim, cada prática se transforma em um momento de reconexão com o que há de mais profundo e verdadeiro em nós, guiando-nos com clareza e confiança por cada etapa da jornada.

# Capítulo 20
## Mudras para Meditação

A meditação é uma jornada para o silêncio e a profundidade interior, um espaço onde a mente encontra descanso e a consciência se expande além dos limites cotidianos. Por meio dessa prática, aprendemos a observar nossos pensamentos sem apego, cultivando uma serenidade que reflete tanto a paz interior quanto a clareza mental. No entanto, alcançar esse estado pode ser desafiador em meio às distrações externas e à inquietação da mente, que frequentemente dificultam a concentração e o relaxamento. Superar esses obstáculos requer disciplina, paciência e, sobretudo, ferramentas que auxiliem no alinhamento entre o corpo, a mente e o espírito.

Os Mudras, gestos simbólicos das mãos usados há séculos em práticas espirituais, são aliados poderosos para aprofundar a meditação. Eles agem como âncoras, estabilizando a mente e direcionando a energia vital de maneira harmoniosa. Cada Mudra, com sua simbologia única, potencializa a capacidade de acalmar os pensamentos, aumentando a receptividade ao momento presente e facilitando a entrada em estados meditativos profundos. Incorporar esses gestos à prática meditativa é um convite para explorar dimensões mais sutis da consciência e acessar níveis mais profundos de autoconhecimento.

Ao integrar os Mudras à rotina de meditação, criamos um espaço de conexão profunda com nosso ser interior, permitindo que a mente se torne um espelho tranquilo que reflete a essência do momento presente. Essa prática transforma não apenas a experiência meditativa, mas também o modo como interagimos com o mundo ao nosso redor, trazendo mais equilíbrio, compaixão e sabedoria para a vida diária. Assim, os Mudras tornam-se não apenas ferramentas de concentração, mas verdadeiros guias na jornada rumo à paz interior e à expansão da consciência.

A meditação é um mergulho na vastidão da consciência, um convite para descansar no silêncio interior e explorar a essência do ser. Nesse processo, somos chamados a observar os pensamentos como se fossem nuvens passageiras, sem nos apegarmos a eles, permitindo que a mente alcance um estado de serenidade. A prática meditativa não é apenas um ato de relaxamento, mas um caminho para cultivar equanimidade, compaixão e sabedoria. Ao mergulharmos nesse espaço de quietude, a vida se torna mais clara e equilibrada, mas o percurso até essa profundidade requer dedicação e ferramentas que ajudem a silenciar as distrações externas e internas.

Os Mudras, gestos simbólicos das mãos, são ferramentas ancestrais que atuam como âncoras para estabilizar a mente e direcionar a energia vital de maneira harmoniosa. Eles são mais do que simples movimentos: cada gesto contém um significado profundo, capaz de intensificar a prática meditativa. Por meio deles, é possível alinhar corpo, mente e espírito, criando um estado de receptividade que facilita o acesso a níveis mais profundos de consciência. Incorporar os Mudras à meditação é como abrir uma porta para dimensões mais sutis do autoconhecimento, permitindo que o praticante experimente a vastidão da presença.

Entre os gestos mais conhecidos e eficazes está o **Dhyana Mudra**, o Mudra da Meditação, que simboliza a receptividade e a contemplação. Realizado ao colocar as mãos sobre o colo, uma sobre a outra, com as palmas voltadas para cima e os polegares unidos, esse gesto promove um estado de calma mental e facilita a concentração. Ao adotar uma postura ereta e relaxada, com os olhos fechados e a respiração profunda, o meditante encontra um ponto de equilíbrio entre corpo e mente. Pouco a pouco, a prática se transforma em um espelho tranquilo que reflete a essência do momento presente, permitindo que o silêncio interior floresça.

Outro gesto significativo é o **Yoga Mudra**, ou Mudra da União, que representa a rendição e a dissolução do ego. Este gesto é realizado ao entrelaçar os dedos das mãos atrás das costas e inclinar o tronco para frente, criando uma postura de entrega. A prática convida o corpo a liberar tensões e a mente a abandonar preocupações, enquanto a respiração profunda cria um ritmo natural de conexão com o presente. Nesse espaço de entrega, o praticante experimenta uma união simbólica com o divino, uma sensação de integração que transcende o físico.

O **Gyan Mudra**, também conhecido como Mudra do Conhecimento, é outro aliado poderoso na meditação. Ao unir a ponta do dedo indicador com a do polegar, formando um círculo, o praticante ativa a energia da concentração e da receptividade. Os outros três dedos permanecem estendidos e relaxados, enquanto as mãos repousam sobre os joelhos, com as palmas voltadas para cima. Esse gesto simples, mas profundamente simbólico, canaliza a energia mental e estabiliza a atenção, facilitando a entrada em estados meditativos mais profundos. Cada respiração se torna um elo entre o praticante e sua sabedoria interior, ampliando sua capacidade de percepção e clareza.

Para aproveitar ao máximo os benefícios dos Mudras na meditação, é essencial cultivar um ambiente propício à prática. Escolher um local tranquilo, onde seja possível se desconectar das distrações externas, é o primeiro passo para criar um espaço de introspecção. A postura também desempenha um papel central: seja sentado com a coluna ereta ou deitado confortavelmente, é importante que o corpo esteja relaxado, mas desperto. A respiração natural e consciente serve como uma âncora, guiando a mente de volta ao momento presente sempre que ela se dispersa. Essa abordagem compassiva e paciente é a chave para uma prática meditativa enriquecedora.

Ao integrar os Mudras em uma rotina diária, o meditante encontra um caminho para refinar a sensibilidade à energia sutil e estabilizar sua mente mesmo em meio aos desafios do cotidiano. Esses gestos transcendem o simples relaxamento; eles se tornam uma ponte para a expansão da consciência, onde corpo e mente trabalham juntos em direção à clareza e ao contentamento. Cada gesto é uma expressão de intenção, uma ferramenta que ajuda a transformar o caos interno em um espaço de equilíbrio e serenidade.

Esses gestos ancestrais nos ensinam que a meditação não é apenas uma técnica, mas um estado natural de ser. Quando praticados com dedicação e intenção, os Mudras revelam-se como companheiros fiéis na jornada para a paz interior e o autoconhecimento. Eles nos convidam a explorar o vasto oceano de silêncio e sabedoria que habita dentro de nós, guiando-nos com suavidade para o centro de nossa própria essência. Assim, cada momento de prática se torna uma celebração do presente, uma oportunidade de conectar-se com o infinito que reside em nós e ao nosso redor.

Os Mudras para meditação são portais silenciosos para um estado de equilíbrio e autocompreensão. Gestos como o Dhyana Mudra, que evoca serenidade, o Yoga Mudra, que simboliza rendição, e o Gyan Mudra, que amplifica a concentração, transformam a experiência meditativa em uma jornada mais profunda e conectada. Cada um desses gestos, simples mas poderosos, direciona a energia vital de maneira precisa, ajudando a acalmar o turbilhão mental e criando uma base sólida para o silêncio interior.

Ao incorporar os Mudras em sua prática, você amplia a capacidade de permanecer presente, mesmo em meio às distrações ou desafios do cotidiano. Eles não apenas estabilizam a mente, mas também refinam a sensibilidade à energia sutil que nos rodeia, permitindo que a meditação transcenda o simples relaxamento e se torne uma ponte para a expansão da consciência. O ato de praticá-los convida o meditante a um espaço de harmonia, onde a mente e o corpo trabalham em conjunto em direção à clareza e ao contentamento.

Esses gestos ancestrais nos relembram que a meditação é mais do que uma técnica: é um estado natural de ser, ao qual todos têm acesso. Com dedicação e intenção, os Mudras se tornam companheiros fiéis na jornada rumo à quietude e à sabedoria interior. E assim, cada momento de prática revela mais do vasto oceano de paz e autodescoberta que habita dentro de nós, conduzindo-nos com suavidade ao centro da nossa própria essência.

# Capítulo 21
# Mudras e Mantras

Os Mudras e Mantras, em sua essência, transcendem práticas isoladas, estabelecendo um elo direto entre a energia interna e o cosmos. Ao canalizar o fluxo energético através de gestos específicos e invocar frequências vibracionais sagradas por meio dos sons, eles criam um estado de harmonia que impacta profundamente o corpo, a mente e o espírito. Essa fusão de gestos e sons não apenas intensifica o equilíbrio energético, mas também estimula a expansão da consciência, promovendo uma conexão mais profunda com a dimensão espiritual.

Ao praticar Mudras, as mãos assumem posições que simbolizam e direcionam forças sutis dentro do corpo, atuando como condutores que potencializam a intenção. Por outro lado, os Mantras ressoam em níveis vibratórios que alinham os campos físico e energético, permitindo que cada célula receba os benefícios dessa sinergia. Quando combinados, o gesto e o som ampliam o alcance da prática, criando uma poderosa ferramenta de cura e autotransformação.

A prática consciente de Mudras e Mantras favorece uma jornada interior que transcende as limitações do cotidiano. Essa combinação acessa níveis mais profundos do ser, desbloqueando energias estagnadas e ativando o fluxo vital em sua plenitude. Ao integrar essas técnicas ao dia a dia, é possível construir um estado contínuo de paz, equilíbrio e alinhamento com a verdadeira essência, permitindo que o divino se manifeste plenamente em todas as dimensões da existência.

Os Mudras e Mantras formam uma prática milenar de profunda conexão com o universo, promovendo harmonia entre corpo, mente e espírito. Através da combinação de gestos específicos das mãos, que canalizam e direcionam energias sutis, com palavras ou sons sagrados que vibram em frequências precisas, essa prática transcende o ordinário e alcança níveis elevados de consciência. Originários de tradições védicas, os Mantras carregam um poder vibracional capaz de transformar o estado mental e energético, enquanto os Mudras amplificam essa energia ao direcioná-la para pontos estratégicos do corpo, potencializando intenções e criando uma sinergia poderosa.

Os Mantras, palavras em sânscrito com significados profundos e frequências únicas, atuam como portais para dimensões mais sutis da existência. Ao serem pronunciados ou mentalizados com clareza e intenção, eles ressoam em diferentes níveis do ser, desde o físico até o espiritual, promovendo cura, proteção e expansão da consciência. Cada Mantra possui uma finalidade específica, como promover paz interior, atrair prosperidade ou intensificar a conexão espiritual. O poder dessas palavras não está apenas em seus significados, mas na forma como reverberam dentro de nós, criando ondas de energia que harmonizam o nosso ser e o espaço ao redor.

Ao serem combinados com os Mudras, os efeitos dos Mantras tornam-se ainda mais profundos. Os Mudras, muitas vezes descritos como "gestos de poder", servem como ferramentas para direcionar e amplificar a energia gerada pelos Mantras. Um exemplo clássico dessa integração é o Gyan Mudra, que une a ponta do dedo indicador ao polegar, simbolizando a união da sabedoria e da energia divina, enquanto o Mantra Om ressoa como o som primordial do universo. Essa combinação cria um campo de serenidade e clareza mental, elevando o praticante a um estado de conexão com o divino.

Outra combinação poderosa é o Prana Mudra, que intensifica a energia vital, associado ao Mantra So Ham, cujo significado "Eu Sou" remete à essência do ser. Essa prática não apenas revitaliza o corpo físico, mas também ajuda o praticante a reconhecer sua verdadeira natureza, proporcionando equilíbrio e vitalidade. Já o Anjali Mudra, com as palmas unidas em sinal de reverência, ganha ainda mais significado ao ser acompanhado pelo Mantra Om Shanti Shanti Shanti, evocando paz e harmonia em todos os aspectos da vida.

A prática consciente dessas combinações é um convite à jornada interior. Ao realizar um Mudra, o praticante não apenas movimenta as mãos, mas ativa um canal energético que direciona a intenção para um propósito específico. Quando essa intenção é acompanhada pelo som do Mantra, o processo de transformação é acelerado, desbloqueando energias estagnadas e promovendo um fluxo vital que se estende para além do momento presente. A sinergia entre o gesto e o som transforma cada prática em uma experiência única de cura e autodescoberta.

Para aprofundar ainda mais essa prática, é essencial prestar atenção à pronúncia correta dos Mantras, garantindo que suas vibrações sejam plenamente eficazes. A regularidade na execução dos Mudras e Mantras também é um fator crucial para colher os benefícios. Ao repetir diariamente esses gestos e sons, o praticante cria um espaço de transformação contínua, onde cada sessão se torna uma ponte para o sagrado. Além disso, a escolha cuidadosa dos Mantras e Mudras, alinhada às intenções pessoais, fortalece ainda mais o impacto da prática, tornando-a uma expressão autêntica das necessidades do momento.

Ao dedicar-se a essa prática de maneira consistente, o indivíduo não apenas experimenta os efeitos imediatos de equilíbrio e serenidade, mas também constrói um estado duradouro de conexão com a essência divina. A energia gerada por cada repetição reverbera para além do corpo físico, criando um fluxo contínuo de positividade que beneficia não apenas o praticante, mas também o ambiente ao seu redor. Assim, os Mudras e Mantras tornam-se uma ferramenta de transformação que transcende a prática individual, tocando as esferas mais sutis da existência.

A integração desses ensinamentos milenares à rotina pessoal transforma gestos e sons em rituais de autoconhecimento e expansão. Com cada prática, o corpo e a mente alinham-se ao fluxo do universo, abrindo espaço para que o divino se manifeste plenamente em todos os aspectos da vida. Essa experiência profunda não apenas eleva o praticante a novos patamares de consciência, mas também proporciona uma percepção renovada do mundo, onde cada momento se torna uma oportunidade de conexão e cura.

Ao explorar as combinações entre Mudras e Mantras, o praticante descobre um vasto repertório de possibilidades, cada uma com seus benefícios únicos. Essa prática não é apenas uma técnica, mas uma jornada contínua de autodescoberta e transformação. Cada gesto e cada palavra pronunciada são um lembrete da conexão intrínseca entre o indivíduo e o cosmos, um elo que transcende o tempo e o espaço. Dessa forma, os Mudras e Mantras revelam-se como caminhos sagrados para uma vida plena, harmoniosa e alinhada com a essência do ser.

A integração dos Mudras e Mantras em uma rotina pessoal transforma a prática em um poderoso ritual de autoconhecimento e expansão. Ao dedicar-se regularmente a essas técnicas, cada gesto e som se tornam uma ponte que conecta o indivíduo à sua essência divina, oferecendo não apenas equilíbrio interno, mas também uma renovada percepção do mundo ao seu redor. Essa consistência estabelece uma relação íntima com as energias sutis, permitindo que as práticas revelem, gradualmente, todo o seu potencial transformador.

Além disso, a escolha consciente dos Mantras e Mudras fortalece a intenção da prática. Ao alinhar os gestos às necessidades do momento — seja para encontrar paz interior, revitalizar o corpo ou acessar níveis mais elevados de consciência —, a experiência ganha profundidade e significado. É nessa harmonia entre intenção e prática que o indivíduo encontra a liberdade para explorar e manifestar a plenitude do seu ser, transformando cada sessão em um espaço sagrado de conexão e cura.

Os Mudras e Mantras são, portanto, uma jornada contínua de descoberta e transformação. Cada repetição, cada gesto, reverbera não apenas em quem pratica, mas também no ambiente, criando um fluxo de energia positiva que se estende para além do momento presente. Ao permitir que esses antigos ensinamentos façam parte da vida cotidiana, o praticante abre portas para uma realidade mais elevada, onde o corpo, a mente e o espírito vibram em perfeita harmonia com o universo.

# Capítulo 22
## Mudras e Visualização

Os Mudras, gestos que atuam como chaves para desbloquear e direcionar a energia vital, encontram na prática da visualização uma poderosa aliada para a manifestação de intenções e transformação pessoal. A conexão entre essas técnicas cria um caminho direto para acessar o vasto potencial da mente criadora, possibilitando a materialização de desejos e a ampliação do equilíbrio interno. A energia conduzida pelos Mudras, quando combinada com imagens mentais detalhadas, intensifica os resultados, ancorando as intenções no plano físico e energético.

Ao adotar os Mudras como condutores, a energia flui de maneira precisa, enquanto a visualização fornece a forma, os detalhes e o propósito desse movimento energético. Juntas, essas práticas fortalecem a capacidade de criar novas realidades, rompendo padrões limitantes e abrindo espaço para que os sonhos se tornem palpáveis. Essa integração não apenas expande o poder de manifestação, mas também promove um estado de consciência elevado, onde a clareza e a determinação se alinham com a força criadora do universo.

Incorporar os Mudras e a visualização em sua rotina transforma intenções em atos de criação consciente. Cada gesto e cada imagem mental vividamente construída formam a base de uma nova realidade, possibilitando a cura, o equilíbrio emocional e o desenvolvimento espiritual. Essa prática contínua e disciplinada refina o poder da mente, permitindo que você se torne um cocriador ativo da sua existência, manifestando seus sonhos e vivendo em harmonia com o fluxo universal.

Os Mudras e a visualização formam uma combinação extraordinária, onde o gesto sutil das mãos e a força criadora da mente trabalham juntos para transformar intenções em realidades. Os Mudras, com sua capacidade de direcionar a energia vital, encontram na prática da visualização criativa o suporte perfeito para ancorar desejos no plano físico e expandir o equilíbrio interior. Essa parceria harmoniosa não apenas intensifica o poder de manifestação, mas também proporciona uma experiência profunda de alinhamento entre corpo, mente e espírito.

A mente humana, com sua habilidade inata de criar imagens mentais detalhadas, exerce uma influência poderosa sobre a realidade. Ao visualizar situações, estados emocionais e objetivos como se já fossem reais, criamos um campo vibracional que se alinha ao fluxo energético do universo. Essa prática não apenas atrai o que almejamos, mas também desperta em nós uma confiança renovada na capacidade de cocriar o nosso destino. Quando integramos os Mudras a esse processo, o gesto atua como um canal energético, potencializando a energia gerada pela visualização e direcionando-a de forma precisa para a materialização dos nossos desejos.

O uso combinado de Mudras e visualização tem aplicações variadas, desde a cura física até o desenvolvimento espiritual. Imagine realizar o Apana Vayu Mudra, conhecido por suas propriedades de regeneração, enquanto visualiza a energia vital fluindo para uma área específica do corpo, restaurando o equilíbrio celular. Essa prática não só auxilia no processo de cura, mas também reforça a conexão entre intenção e resultado, mostrando o impacto transformador dessa união.

De forma similar, o Kubera Mudra, associado à prosperidade, amplifica as energias de abundância quando praticado com imagens mentais detalhadas de sucesso e plenitude. Visualizar-se alcançando metas financeiras ou vivendo em um estado de conforto material enquanto realiza esse gesto cria um campo magnético que atrai os recursos necessários para que essa visão se torne realidade. Já o Padma Mudra, com seu simbolismo de pureza e abertura, é ideal para quem busca fortalecer laços afetivos ou atrair amor para sua vida. Nesse contexto, visualizar o coração como uma flor que se abre para o mundo é uma maneira poderosa de cultivar harmonia e compaixão.

A chave para que essas práticas sejam eficazes está na criação de imagens vívidas e detalhadas, que carreguem não apenas a forma do desejo, mas também as emoções associadas à sua realização. Ao visualizar, é fundamental sentir a alegria, a gratidão e a paz que a concretização do objetivo traria. Essa imersão emocional é o que dá vida à visualização, transformando-a de uma simples projeção mental em uma ferramenta de manifestação real.

Com o tempo e a prática disciplinada, o poder de visualização se refina, permitindo ao praticante criar imagens mentais cada vez mais claras e impactantes. É importante lembrar que, como qualquer habilidade, a visualização criativa exige consistência e paciência. Quanto mais dedicamos tempo a esse processo, mais nos conectamos ao nosso potencial criador, fortalecendo o vínculo entre intenção e manifestação.

Ao se aprofundar na prática dos Mudras aliados à visualização, o indivíduo passa a perceber que a materialização dos desejos é apenas uma parte dos benefícios dessa prática. Mais do que isso, surge um estado de presença e clareza que transforma a forma como nos relacionamos com o mundo ao nosso redor. Esse alinhamento profundo com o fluxo natural da vida dissolve barreiras internas e externas, permitindo que oportunidades surjam com fluidez e que o caminho para nossos objetivos se torne mais claro e acessível.

Os resultados dessa prática vão além da transformação pessoal. Ao harmonizar o corpo, a mente e o espírito, o praticante cria um campo vibracional que ressoa com as forças universais, atraindo não apenas o que é desejado, mas também o que é necessário para o seu crescimento e evolução. Esse estado de equilíbrio dinâmico torna-se uma fonte de inspiração e bem-estar, irradiando positividade para todos ao seu redor.

Integrar os Mudras e a visualização à rotina diária é uma maneira de cultivar uma vida mais consciente e alinhada com as leis naturais do universo. A prática regular transforma cada gesto e imagem mental em um ato de criação consciente, fortalecendo a percepção de que somos cocriadores da nossa realidade. Essa consciência nos permite navegar pelos desafios da vida com mais serenidade, confiantes de que temos as ferramentas necessárias para moldar o nosso destino.

Seja na busca por cura, prosperidade, amor ou paz interior, a união de Mudras e visualização nos convida a explorar o vasto potencial criador que reside dentro de cada um de nós. Ao dedicar-se a essa prática com coração aberto e mente focada, descobrimos que o poder para transformar sonhos em realidade sempre esteve ao nosso alcance, esperando apenas que nos conectássemos a ele com intenção e propósito.

À medida que o praticante se aprofunda na combinação dos Mudras com a visualização criativa, surge uma conexão mais refinada entre o corpo, a mente e o espírito. Essa interação não se limita à materialização de desejos específicos, mas também desperta uma consciência ampliada sobre o papel do indivíduo como cocriador da realidade. Cada gesto e cada imagem mental moldada com atenção se tornam tijolos em uma construção vibracional que ressoa com as forças universais, permitindo que as intenções sejam nutridas e ganhem forma de maneira fluida e harmoniosa.

Os benefícios dessa prática se manifestam em diferentes níveis, transformando não apenas os estados internos, mas também os aspectos externos da vida. Um estado de presença mais profundo surge naturalmente, acompanhado de maior clareza de propósito e alinhamento com o fluxo natural da vida. A energia canalizada pelos Mudras e a precisão das imagens visualizadas criam um campo magnético de possibilidades, atraindo pessoas, situações e recursos que contribuem para a realização dos objetivos traçados, enquanto dissolvem barreiras invisíveis.

Assim, integrar os Mudras e a visualização à rotina é mais do que uma prática espiritual — é um convite para viver de forma consciente, alinhada e em plena sintonia com as leis naturais do universo. Seja na busca por cura, prosperidade, amor ou paz interior, essa união de gestos e imagens abre portas para um estado de equilíbrio onde o poder pessoal encontra o infinito potencial criador do cosmos. Ao cultivar essa prática com dedicação e abertura, o indivíduo encontra não apenas as respostas que procura, mas também o caminho para viver uma vida plena e significativa.

# Capítulo 23
# Mudras e Cristais

Os Mudras, gestos que canalizam e direcionam a energia vital, e os cristais, poderosos amplificadores energéticos provenientes das profundezas da Terra, formam uma aliança que transcende a simples prática espiritual. Juntos, eles criam uma dinâmica sinergia capaz de harmonizar campos energéticos, manifestar intenções e elevar a consciência a novos patamares. Essa combinação potencializa a interação entre as forças do corpo humano e as energias naturais, promovendo um estado de equilíbrio que reflete na mente, no corpo e no espírito.

Cada cristal, com sua formação única e propriedades vibracionais específicas, ressoa em frequências que ampliam os efeitos dos Mudras, intensificando sua capacidade de conduzir energia. Enquanto os gestos ativam circuitos internos de força vital, os cristais oferecem um suporte energético externo, refinando e irradiando a energia gerada. Essa conexão cria um vórtice de transformação, no qual o fluxo energético se alinha às intenções do praticante, promovendo cura e expansão pessoal.

Ao integrar Mudras e cristais à prática diária, você desbloqueia novos níveis de autoconhecimento e potencial. Cada gesto, acompanhado pela energia cristalina, fortalece a conexão com as forças sutis da natureza, oferecendo suporte para superar desafios, manifestar desejos e despertar seu poder interior. Essa união revela que, ao sincronizar o movimento consciente do corpo com as vibrações primordiais da Terra, é possível criar um caminho para o bem-estar integral e a realização plena.

Os Mudras, com sua habilidade de canalizar e direcionar a energia vital, e os cristais, repositórios vibracionais da sabedoria da Terra, formam uma aliança que transcende o plano físico, abrindo portas para a manifestação consciente e a elevação espiritual. Essa combinação sinérgica intensifica os efeitos tanto dos gestos quanto das pedras, criando um campo energético poderoso que reverbera pelo corpo, mente e espírito, promovendo equilíbrio, cura e expansão. O gesto direciona a energia interna, enquanto o cristal amplifica e refina essas vibrações, permitindo que intenções se materializem com mais clareza e força.

O reino mineral, com suas estruturas cristalinas únicas, carrega a memória e a energia primordial do planeta. Cada cristal vibra em uma frequência específica, funcionando como uma antena que emite, absorve e amplifica energias. Essa característica faz deles aliados naturais para práticas energéticas, como os Mudras, que ativam circuitos internos de força vital. A união dessas técnicas cria um fluxo energético contínuo, conectando o praticante às forças naturais que sustentam a existência, enquanto promove uma harmonização profunda nos níveis físico, emocional e espiritual.

Os cristais possuem propriedades específicas que os tornam adequados para diferentes finalidades. O Quartzo Rosa, por exemplo, é reconhecido por sua energia amorosa e curativa. Sua vibração suave é ideal para abrir o coração e harmonizar emoções, especialmente quando combinado ao Padma Mudra, que simboliza a pureza e a abertura da alma. Ao realizar esse gesto enquanto segura o Quartzo Rosa, o praticante cria um campo de energia que atrai amor, promove compaixão e equilibra relacionamentos.

Já a Ametista, com sua vibração elevada, é conhecida por facilitar a transmutação de energias densas e por intensificar a conexão espiritual. Quando associada ao Ajna Mudra, que ativa o terceiro olho, essa pedra amplifica a intuição, estimula a sabedoria interior e aprofunda a meditação. Ao segurar a Ametista na mão receptiva ou posicioná-la sobre o chakra frontal durante a prática, o praticante experimenta um estado de clareza mental e elevação espiritual, tornando-se mais receptivo às mensagens do universo.

O Citrino, por sua vez, é um cristal de energia vibrante e calorosa, associado à prosperidade e à autoconfiança. Em combinação com o Kubera Mudra, que simboliza o potencial infinito e o foco em objetivos, ele ajuda a atrair abundância e a manifestar sucesso no plano material. Durante a prática, é recomendável segurar o Citrino próximo ao plexo solar, permitindo que sua energia se alinhe ao centro de poder pessoal, irradiando confiança e determinação.

Cada prática de Mudras e cristais requer atenção aos detalhes para alcançar seus efeitos máximos. É essencial escolher cristais que ressoem com suas intenções e energias pessoais. A limpeza e a energização das pedras são igualmente importantes, pois elas absorvem energias do ambiente. Métodos como exposição à luz do sol, à luz da lua ou imersão em sal grosso ajudam a renovar suas propriedades vibracionais, garantindo sua eficácia. Durante a prática, definir uma intenção clara e visualizar o resultado desejado intensifica a conexão entre o gesto, o cristal e a meta a ser alcançada.

Ao praticar, o ideal é segurar o cristal na mão receptiva, geralmente a esquerda, ou colocá-lo próximo ao chakra relacionado à intenção. Durante a execução do Mudra, é recomendável fechar os olhos e visualizar a energia do cristal se unindo à força vital canalizada pelo gesto. Sinta essa energia percorrendo o corpo, dissolvendo bloqueios, revitalizando as células e alinhando seus campos sutis. Quanto mais vívida e emocionalmente envolvente for a visualização, mais poderosa será a prática.

A prática regular de Mudras e cristais oferece uma transformação que vai além do campo individual, reverberando em todo o ambiente. Ao alinhar-se às frequências da Terra por meio das pedras, o praticante estabelece uma relação de reciprocidade com as energias naturais, permitindo que a sabedoria ancestral do planeta o guie em sua jornada. Cada sessão torna-se um rito de conexão profunda, onde o gesto humano se funde à vibração mineral para criar um estado de equilíbrio dinâmico.

Os benefícios dessa prática se manifestam tanto interna quanto externamente. Internamente, há uma sensação de clareza e serenidade, com emoções estabilizadas e uma mente mais centrada. Externamente, a energia emanada atrai situações, pessoas e oportunidades que ressoam com as intenções traçadas, acelerando o processo de realização dos desejos. Essa interação cria um ciclo contínuo de crescimento e descoberta, onde cada gesto e cada cristal contribuem para o desenvolvimento integral do ser.

Integrar Mudras e cristais à rotina diária é um convite para explorar a interação entre as forças internas e externas, entre o humano e o natural. Essa prática une o que há de mais sutil no corpo à solidez vibracional da Terra, revelando um caminho de autoconhecimento e manifestação consciente. À medida que o praticante se aprofunda nessa jornada, percebe que não apenas desbloqueia seu potencial, mas também se torna parte ativa de um universo pulsante, onde tudo está interconectado.

Essa fusão entre Mudras e cristais transcende o campo energético para tocar o plano espiritual, lembrando-nos da unidade entre a humanidade e a natureza. Cada prática se torna um elo entre o presente e o eterno, fortalecendo a conexão com o divino e proporcionando um espaço sagrado de cura, equilíbrio e transformação. Assim, a jornada deixa de ser apenas uma busca individual e se torna uma dança harmoniosa com as energias que permeiam a existência, revelando um caminho de luz e realização plena.

A interação entre Mudras e cristais não apenas potencializa a prática energética, mas também aprofunda a conexão entre o praticante e o mundo natural. Ao unir gestos simbólicos que canalizam a força vital com as propriedades vibracionais únicas dos cristais, cria-se um campo energético de alinhamento e harmonia. Essa combinação amplia o estado de presença e possibilita um mergulho mais profundo nas energias sutis, revelando aspectos latentes do ser e desbloqueando potenciais adormecidos.

A prática consistente dessa aliança promove não apenas transformações internas, mas também reflete externamente, atraindo situações e experiências que ressoam com as intenções definidas. Cada Mudra executado com o suporte de um cristal transforma-se em um rito de reconexão com a sabedoria ancestral da Terra, enquanto os campos energéticos do corpo são ajustados e revitalizados. Esse processo não é apenas funcional, mas também profundamente espiritual, conectando o praticante ao fluxo universal de energia que permeia todas as coisas.

Adotar Mudras e cristais em sua jornada é se abrir para uma experiência rica de cura, autodescoberta e manifestação consciente. Ao sincronizar sua energia interna com a força vibracional das pedras, você constrói um espaço sagrado onde mente, corpo e espírito coexistem em equilíbrio. Nessa fusão entre gestos e minerais, as barreiras entre o humano e o divino se tornam menos nítidas, revelando um caminho de luz, transformação e conexão com a essência do universo.

# Capítulo 24
# Mudras na Yoga

A Yoga, com sua essência integradora de corpo, mente e espírito, ganha profundidade e potência quando associada aos Mudras, gestos sagrados que direcionam a energia vital de forma intencional e precisa. Esses gestos, ao serem incorporados às práticas físicas, respiratórias e meditativas da Yoga, funcionam como catalisadores de equilíbrio e transformação, intensificando os benefícios físicos, emocionais e espirituais. Essa união cria uma prática mais rica e alinhada, na qual cada movimento e respiração se tornam uma ferramenta para acessar estados elevados de consciência.

Os Mudras ampliam o alcance das posturas de Yoga ao desbloquear e harmonizar os canais energéticos do corpo. Com eles, as ásanas deixam de ser apenas exercícios físicos para se transformarem em poderosas expressões de equilíbrio e força interior. Cada gesto, quando associado a uma postura, direciona a energia de maneira intencional, ativando regiões específicas do corpo e despertando uma percepção mais profunda do momento presente. Isso eleva a prática para além do movimento, transformando-a em um fluxo dinâmico de energia e consciência.

Ao integrar os Mudras também aos exercícios respiratórios, o praticante intensifica o fluxo vital e aprofunda a conexão com seu estado interior. A combinação dos gestos com os pranayamas permite que a energia percorra o corpo de forma mais fluida, acalmando a mente e abrindo espaço para a introspecção e a expansão espiritual. Essa fusão de elementos transforma a prática de Yoga em uma jornada integral, onde o praticante não apenas busca o bem-estar físico, mas também uma conexão harmoniosa com a essência do universo e de si mesmo.

Os Mudras, com seu simbolismo profundo e capacidade de canalizar energia vital, transformam a prática da Yoga em uma experiência mais rica e integrada. Incorporá-los às ásanas, pranayamas e meditações eleva a prática para um patamar onde corpo, mente e espírito operam em perfeita harmonia. Esses gestos sagrados atuam como chaves que desbloqueiam fluxos energéticos e intensificam a conexão com o momento presente, enquanto as posturas e os exercícios respiratórios criam um terreno fértil para que essas energias se manifestem plenamente.

Na Yoga, cada ásana é projetada para trabalhar aspectos físicos, mentais e energéticos do ser. Quando associamos os Mudras a essas posturas, os benefícios tornam-se ainda mais evidentes. Um exemplo clássico é a combinação do Gyan Mudra com a Sukhasana, a postura fácil. Ao unir o dedo indicador ao polegar, o praticante simboliza a união entre a sabedoria individual e a universal, promovendo um estado de concentração e serenidade ideal para meditação. A postura, por sua vez, facilita o relaxamento físico e mental, permitindo que o gesto amplifique a clareza e a paz interior.

Outras combinações, como o Prana Mudra com a Vrikshasana (postura da árvore), conectam o praticante à energia da terra, criando um senso de estabilidade e enraizamento. O gesto direciona o fluxo de energia vital para fortalecer o corpo e a mente, enquanto a postura estimula o equilíbrio e a concentração. De maneira similar, o Padma Mudra, associado à Baddha Konasana (postura da borboleta), promove abertura emocional e compaixão, enquanto ajuda a liberar tensões acumuladas nos quadris, integrando o gesto ao movimento de forma natural e fluida.

Os Mudras também encontram um espaço poderoso nos pranayamas, os exercícios respiratórios que regulam o fluxo de prana no corpo. Praticar o Chin Mudra enquanto realiza o Nadi Shodhana, a respiração alternada, é uma maneira de harmonizar os hemisférios cerebrais e promover equilíbrio energético. A simplicidade do gesto, que une o polegar e o indicador, alinha-se perfeitamente à prática respiratória, criando um estado de calma e foco que se estende para além do momento presente.

De forma semelhante, o Brahma Mudra combinado com o Ujjayi Pranayama intensifica a concentração e fortalece a energia vital. Ao posicionar os punhos cerrados sobre o abdômen, o gesto ativa os centros de força internos, enquanto a respiração vitoriosa cria um som que reverbera dentro do corpo, conectando o praticante a uma sensação de poder e clareza. Por outro lado, o Shakti Mudra associado ao

Bhramari Pranayama, a respiração da abelha, promove relaxamento profundo e reduz o estresse, permitindo que o praticante mergulhe em um estado de serenidade e autocuidado.

À medida que os Mudras são integrados à prática da Yoga, eles deixam de ser apenas gestos e se tornam portais para um autoconhecimento mais profundo. Cada gesto, ao ser alinhado com uma postura ou exercício respiratório, não apenas direciona energia, mas também reflete a intenção do praticante, transformando a prática em um momento de introspecção e conexão espiritual. A união dos Mudras com a Yoga desbloqueia níveis sutis de energia, permitindo que o corpo e a mente se alinhem ao fluxo universal de maneira mais plena.

Essa fusão também exige atenção e presença. Incorporar Mudras à Yoga é um convite para ouvir o corpo, respeitar seus limites e adaptar a prática às necessidades individuais. Começar com gestos simples em posturas básicas é uma maneira eficaz de explorar essa integração, permitindo que o praticante desenvolva sensibilidade para sentir o impacto energético dos Mudras em seu corpo e mente. Gradualmente, à medida que a familiaridade cresce, a prática pode se expandir para incluir gestos mais complexos e combinações mais profundas.

A prática regular e consciente transforma não apenas a experiência imediata, mas também a relação do praticante com o mundo ao seu redor. O alinhamento energético promovido pelos Mudras cria um campo vibracional de equilíbrio e positividade, que se reflete nas interações diárias e nas decisões tomadas. Essa energia não apenas harmoniza o ser interior, mas também ressoa com as forças naturais do universo, tornando a prática um catalisador para mudanças transformadoras na vida como um todo.

Os Mudras e a Yoga são, acima de tudo, um convite para explorar a dança entre o movimento e a quietude, o externo e o interno. Ao unir esses dois elementos, o praticante descobre que a verdadeira essência da prática vai além da busca por força física ou serenidade mental. Trata-se de um caminho para acessar a sabedoria ancestral que reside dentro de cada um, despertando um senso de conexão com algo maior.

Assim, cada gesto e cada respiração tornam-se uma expressão da unidade entre o microcosmo humano e o macrocosmo universal, revelando que a Yoga, em sua essência, é uma jornada infinita de autodescoberta e transformação.

A união dos Mudras com a Yoga transforma cada prática em uma vivência profundamente consciente e integrada. Ao aliar os gestos aos movimentos, à respiração e à meditação, o praticante desbloqueia níveis mais sutis de energia, permitindo que o corpo e a mente operem em harmonia com o fluxo universal. Essa abordagem não apenas potencializa os benefícios físicos das posturas e exercícios respiratórios, mas também facilita o despertar de estados meditativos profundos, onde a mente encontra serenidade e clareza.

Ao aprofundar-se nessa combinação, é possível perceber que os Mudras oferecem mais do que suporte técnico; eles se tornam portais para um autoconhecimento mais amplo. Cada gesto, alinhado a uma postura ou pranayama, amplifica a intenção da prática, canalizando energia para áreas específicas e promovendo um equilíbrio que vai além do plano físico. Essa sinergia incentiva uma exploração mais sensível do próprio corpo, da mente e das emoções, abrindo espaço para uma conexão mais íntima com a própria essência.

Incorporar os Mudras à Yoga é, acima de tudo, um convite para expandir os limites da experiência pessoal. É um caminho que une tradição e modernidade, técnica e intuição, movimento e quietude, revelando que a prática é, na verdade, um reflexo da dança universal entre o interno e o externo. Ao trilhar esse caminho com consciência, o praticante não apenas fortalece seu corpo e acalma sua mente, mas também encontra uma profunda conexão com o infinito que habita em si mesmo.

# Capítulo 25
# Mudras para Autocura

A autocura é um processo profundamente transformador, que nos convida a reconhecer e ativar o potencial inato de regeneração e equilíbrio presente em nosso ser. Trata-se de um movimento consciente de retorno à nossa essência, onde aprendemos a escutar os sinais do corpo, acolher as emoções e realinhar a energia vital. Nesse contexto, os Mudras se apresentam como ferramentas preciosas, capazes de atuar diretamente nos fluxos energéticos, desbloqueando canais e promovendo a harmonia integral. Sua prática desperta e amplifica o poder do curador interior, ajudando-nos a restaurar o equilíbrio natural em todos os níveis do nosso ser.

Ao aplicar os Mudras, entramos em contato com uma linguagem energética universal, onde cada gesto ativa um circuito específico de energia no corpo. Esses movimentos simples, mas repletos de intenção, estimulam áreas adormecidas ou sobrecarregadas, restaurando a vitalidade e otimizando o funcionamento dos sistemas corporais. Além disso, os Mudras agem como âncoras para a mente, promovendo concentração, calma e clareza emocional, elementos essenciais para a autocura. Essa prática regular nos ensina que a cura não é apenas física, mas um alinhamento profundo entre nossos pensamentos, emoções e energia.

Integrar os Mudras na rotina diária de autocuidado é um ato de empoderamento. Por meio deles, tomamos as rédeas de nossa saúde e bem-estar, reconhecendo nossa responsabilidade ativa nesse processo. Com dedicação e consciência, a prática dos Mudras transforma a relação com nosso corpo e mente, abrindo espaço para a serenidade, o equilíbrio e a autotransformação. Assim, cada gesto se torna uma declaração de amor próprio e uma ponte para acessar a sabedoria curadora que habita em nós.

A autocura é uma jornada que nos reconecta ao poder inato de regeneração e equilíbrio presente em cada ser humano. Ao embarcar nesse processo, o indivíduo assume o papel de protagonista, reconhecendo no próprio corpo e na mente a capacidade de autorregulação e harmonização. Os Mudras, gestos que canalizam e direcionam a energia vital, tornam-se aliados preciosos nessa busca, oferecendo ferramentas simples, mas profundas, para desbloquear fluxos energéticos, equilibrar emoções e fortalecer o corpo. Cada gesto carrega em si um código energético que desperta o curador interior, promovendo não apenas saúde, mas um realinhamento integral entre mente, corpo e espírito.

Ao praticar os Mudras, entramos em contato com uma linguagem universal de energia. Cada movimento das mãos é projetado para estimular circuitos específicos, ativando áreas do corpo que precisam de atenção e reequilíbrio. O Apana Mudra, por exemplo, é conhecido por ajudar na eliminação de toxinas e no equilíbrio do sistema digestivo, enquanto o Linga Mudra fortalece o sistema imunológico, ativando o calor interno e aumentando a resistência contra doenças. Esses gestos simples não só promovem bem-estar físico, mas também auxiliam na estabilização emocional e na clareza mental, elementos essenciais para um estado de cura integral.

Integrar os Mudras à rotina diária é mais do que uma prática; é um ato de empoderamento. Por meio deles, passamos a escutar os sinais do corpo, compreendendo que as dores e desconfortos não são inimigos, mas mensageiros que indicam o que precisa de cuidado. Criar um espaço sagrado para essa prática diária fortalece o vínculo com o próprio ser, permitindo que a atenção plena guie cada movimento e respiração. Ao praticar com regularidade, o indivíduo experimenta uma transformação que transcende o físico, adentrando os domínios da mente e da espiritualidade.

Uma abordagem eficaz é a utilização dos Mudras para o equilíbrio dos chakras, os centros energéticos que governam diferentes aspectos do corpo e da mente. O Muladhara Mudra, por exemplo, promove estabilidade e enraizamento ao trabalhar o chakra raiz, enquanto o Manipura Mudra ativa o plexo solar, fortalecendo a autoconfiança e a energia vital. Essas práticas ajudam a harmonizar os sistemas do corpo, dissolvendo bloqueios energéticos e restaurando o fluxo natural de prana.

As sequências de Mudras também são especialmente eficazes para trabalhar em múltiplos níveis de cura. Uma sequência voltada ao alívio do estresse pode começar com o Vayu Mudra, que reduz a ansiedade e promove calma, seguido pelo Prithvi Mudra, que estabiliza e proporciona uma sensação de segurança, e encerrado com o Varuna Mudra, que equilibra as emoções. Cada gesto é realizado com intenção e acompanhado de respirações profundas, permitindo que a energia flua suavemente para onde é necessária.

Outro exemplo é uma sequência para fortalecer o sistema imunológico. Começando com o Bronqui Mudra para equilibrar os pulmões e facilitar a respiração, passando pelo Matangi Mudra, que regula o sistema digestivo e promove a resistência geral, e finalizando com o Prana Mudra, que revitaliza o corpo, essa prática é ideal para períodos de maior vulnerabilidade física ou emocional. A combinação dos gestos com a visualização de energia fluindo e revitalizando o corpo potencializa ainda mais os efeitos.

Durante a prática, é essencial criar um ambiente propício. Um espaço tranquilo, livre de distrações, favorece a introspecção e a conexão profunda com a intenção de cura. Antes de começar, uma breve meditação para alinhar a mente e estabelecer a intenção pode tornar a experiência ainda mais poderosa. Cada gesto, então, é realizado com plena consciência, sentindo o impacto que ele gera no corpo e na mente. Essa presença no momento presente é uma das chaves para liberar o potencial curador dos Mudras.

Os benefícios dessa prática vão além do alívio físico. Os Mudras ensinam que a cura é um processo integrado, onde o bem-estar surge da harmonia entre nossos pensamentos, emoções e energia. Com o tempo, a prática regular fortalece a confiança no próprio poder pessoal, mostrando que a saúde não é apenas ausência de doenças, mas um estado de alinhamento profundo com a vida. Essa abordagem transforma o modo como encaramos desafios, ajudando-nos a encontrar serenidade mesmo diante de adversidades.

Adotar os Mudras como parte de um estilo de vida é um lembrete constante de que somos cocriadores da nossa realidade. Cada gesto realizado com intenção e amor próprio torna-se uma declaração de responsabilidade por nossa saúde e bem-estar. Essa prática também desperta um senso de gratidão, pois nos reconecta ao milagre que é o corpo humano e à energia que permeia toda a existência.

Assim, os Mudras para autocura não apenas promovem equilíbrio e bem-estar, mas também nos convidam a explorar os mistérios de nossa própria natureza. Ao acessarmos a sabedoria do curador interior, descobrimos que a verdadeira cura não é apenas física, mas uma jornada de autodescoberta e transformação. Cada gesto nos aproxima de nossa essência, lembrando-nos de que a cura é, acima de tudo, um ato de amor profundo por nós mesmos e pela vida.

A prática dos Mudras para autocura é um convite a se reconectar com o fluxo natural da vida que permeia cada célula do corpo e cada pensamento da mente. Ao utilizá-los com dedicação e intenção, o praticante se torna capaz de identificar áreas que precisam de cuidado, harmonizando não apenas o físico, mas também os aspectos emocionais e espirituais que contribuem para o equilíbrio integral. Esse diálogo com o próprio ser é uma jornada de autorrespeito e redescoberta, em que cada gesto se transforma em um ato de cuidado e amor-próprio.

Os Mudras também nos ensinam que o processo de cura está profundamente ligado à capacidade de estarmos presentes no momento. Ao praticá-los, o praticante encontra não apenas alívio para dores ou desequilíbrios, mas também uma nova forma de enxergar a si mesmo e o mundo. A regularidade na prática ajuda a fortalecer a confiança no poder pessoal, mostrando que a cura não é algo externo, mas uma força que floresce de dentro para fora, guiada pela consciência e pela intenção.

Abraçar os Mudras como parte da rotina de autocura é cultivar uma relação ativa e amorosa com a própria saúde. Esse hábito, além de fortalecer o corpo e a mente, ilumina a jornada espiritual, mostrando que a cura é um caminho contínuo, repleto de aprendizados e crescimento. Ao encontrar em cada gesto uma forma de alinhar-se com o universo, o praticante descobre que a verdadeira cura reside em viver em harmonia consigo mesmo, com o próximo e com as forças que sustentam a vida.

# Capítulo 26
# Mudras para Curar Outros

A prática dos Mudras como ferramenta de cura transcende a simples execução de gestos simbólicos e conecta-se a uma profunda interação energética entre o praticante e o receptor. Essa interação é sustentada por princípios que integram o conhecimento ancestral e a aplicação consciente da energia vital para promover harmonia e equilíbrio. Nesse contexto, curar com Mudras não se resume à técnica em si, mas envolve a conexão genuína entre quem oferece a energia e quem a recebe, fundamentada em uma postura ética, compassiva e respeitosa. Assim, cada gesto realizado se torna uma expressão de cuidado, transformando o ato de cura em uma experiência de profunda integração e bem-estar compartilhado.

Os Mudras, conhecidos como "selos de energia", têm a capacidade de direcionar e intensificar o fluxo vital, promovendo mudanças sutis, mas significativas, no campo energético do receptor. Quando aplicados com intenção clara e sensibilidade, tornam-se meios poderosos de restabelecer o equilíbrio físico, emocional e espiritual. Essa prática é especialmente eficaz porque reconhece que o processo de cura é uma parceria entre o terapeuta e o receptor, onde ambos compartilham e respeitam a energia do universo em um ciclo contínuo de oferta e recepção. Ao criar um espaço seguro e alinhado com as necessidades do outro, o terapeuta auxilia na liberação de bloqueios energéticos e na potencialização das capacidades inatas de autocura do receptor.

Por meio dessa abordagem cuidadosa e fundamentada, os Mudras tornam-se mais do que uma técnica de harmonização; eles emergem como uma linguagem silenciosa de cuidado, que ultrapassa palavras e toca o âmago da existência. A prática de curar com Mudras é, portanto, uma expressão sublime da conexão humana e da compaixão, na qual cada gesto reflete a intenção de restaurar o equilíbrio e promover a plenitude em quem recebe.

A prática de curar com Mudras é uma expressão de conexão profunda entre o terapeuta e o receptor, uma dança sutil de energias que vai muito além de técnicas ou gestos isolados. A arte de curar com as mãos carrega uma história milenar, presente em diversas tradições ao redor do mundo, unindo culturas pelo reconhecimento da energia vital como força unificadora e transformadora. Cada gesto executado, cada intenção projetada, transforma-se em um elo dessa conexão, onde o terapeuta se posiciona como um canal por onde fluem energias de harmonização e cura.

Os Mudras, enquanto instrumentos dessa prática, funcionam como condutores de energia vital. Não se trata apenas de gestos simbólicos, mas de uma forma de tocar a essência do outro. Ao canalizar e dirigir essa força para o receptor, o terapeuta colabora com a natureza intrínseca do corpo e da mente de buscar equilíbrio e harmonia. Essa prática, no entanto, exige mais do que conhecimento técnico. Requer sensibilidade, escuta ativa e respeito ao fluxo energético de quem recebe a cura, criando uma experiência em que a troca de energias ocorre de maneira fluida e integrada.

 A prática de curar com Mudras é também uma responsabilidade ética que não pode ser negligenciada. O terapeuta deve agir com intenção pura, compreendendo que sua função é facilitar o processo de cura, sem impor crenças ou vontades pessoais. Isso implica respeitar profundamente o livre-arbítrio do receptor, que deve estar plenamente consciente e à vontade durante todo o processo. Confidencialidade é outro pilar essencial, garantindo que as informações compartilhadas durante a sessão sejam tratadas com discrição. Acima de tudo, humildade e compaixão moldam a postura do terapeuta, que reconhece sua posição como canal de uma força maior, enquanto oferece cuidado genuíno e compreensivo.

 A técnica em si, embora profundamente conectada ao campo energético, possui nuances práticas que potencializam seus efeitos. O toque, quando sutil e respeitoso, ou até mesmo a imposição de mãos a uma pequena distância, torna-se uma ponte entre o terapeuta e o receptor. Nesse momento, a intenção clara do terapeuta é primordial. A visualização de energia fluindo através de suas mãos ajuda a direcionar as forças curadoras, criando um fluxo harmonioso que atua sobre o corpo, a mente e o espírito do receptor.

Cada Mudra tem uma função única e específica na jornada de cura. O Prana Mudra, por exemplo, fortalece a energia vital e promove a vitalidade, enquanto o Apana Vayu Mudra se destaca por aliviar dores e promover relaxamento. Já o Gyan Mudra atua no plano mental, acalmando a mente e reduzindo o estresse, enquanto o Padma Mudra abre o coração e estimula a compaixão. Escolher o Mudra adequado para cada situação é uma habilidade que demanda prática, mas também uma profunda conexão intuitiva com as necessidades do receptor.

O ambiente onde a sessão ocorre desempenha um papel significativo no processo de cura. Preparar um espaço tranquilo e acolhedor, livre de distrações, permite que o receptor relaxe e se sinta seguro. Esse ambiente não é apenas físico, mas também energético, criado pelo estado de presença do terapeuta e pela harmonia com a energia do receptor. Antes mesmo de iniciar a prática, é fundamental que o terapeuta sintonize-se com essa energia, estabelecendo um vínculo que guiará a sessão. Ao longo do processo, confiar na intuição torna-se uma ferramenta valiosa para adaptar os Mudras às necessidades do momento, reforçando a conexão entre terapeuta e receptor.

Ao encerrar a sessão, a gratidão desempenha um papel fundamental. Agradecer ao receptor pela confiança e à energia universal pela oportunidade de ser um instrumento de cura fortalece o elo entre ambos. Essa atitude encerra o processo de forma respeitosa, reconhecendo a sacralidade do momento compartilhado. Além disso, o impacto do trabalho realizado durante a sessão transcende o tempo e o espaço imediatos. As energias mobilizadas continuam a atuar no campo do receptor, promovendo transformações profundas que podem ser percebidas dias após a prática.

Esse processo de cura é também uma jornada de autodescoberta para o receptor. À medida que os bloqueios energéticos são liberados, ele é convidado a reconectar-se com sua própria essência curadora. O equilíbrio alcançado não é apenas um estado momentâneo, mas uma chave para mudanças mais amplas e sustentáveis. A clareza mental, o bem-estar emocional e a harmonia espiritual que emergem desse trabalho inspiram o receptor a buscar, por si mesmo, a manutenção do equilíbrio e da saúde.

A prática de curar com Mudras, assim, transcende sua dimensão técnica e se torna uma celebração da interconexão humana. Nesse espaço compartilhado, terapeuta e receptor reconhecem e valorizam a energia que os une, permitindo que a compaixão e o cuidado mutuo se transformem em pilares de cura e transformação. Mais do que um ato isolado, a cura com Mudras é uma jornada conjunta, uma expressão profunda da capacidade humana de tocar o outro e, ao mesmo tempo, ser tocado pela força universal que nos conecta.

O papel do terapeuta que utiliza os Mudras é profundamente transformador, pois exige mais do que o conhecimento técnico dos gestos; requer uma escuta ativa da energia do receptor. Cada sessão se torna única, guiada por uma percepção sensível das necessidades do outro e pelo alinhamento com as forças sutis que envolvem o momento de cura. Essa percepção não se limita ao plano físico, mas abrange o emocional, o mental e o espiritual, reconhecendo que o ser humano é um todo integrado e interdependente. Assim, o terapeuta atua como um intermediário que facilita o processo de reconexão do receptor com sua própria essência curadora.

Além disso, o impacto da prática dos Mudras transcende o momento da sessão. As energias mobilizadas por esses gestos frequentemente ressoam no campo energético do receptor por dias, auxiliando na consolidação de mudanças profundas e sustentáveis. A harmonia proporcionada pela prática pode inspirar uma transformação interna que se manifesta em pensamentos mais claros, emoções equilibradas e um maior bem-estar geral. Isso reforça a ideia de que o poder dos Mudras não está apenas no ato de curar, mas também em despertar no receptor o potencial para manter o equilíbrio e a saúde por conta própria.

Portanto, a cura com Mudras simboliza uma jornada compartilhada, em que o terapeuta e o receptor se encontram em um espaço de respeito mútuo e confiança. Nesse espaço, o fluxo de energia se torna uma ponte que conecta os dois e promove a expansão da consciência. Mais do que um ato de cura, essa prática é um convite para que ambos, terapeuta e receptor, celebrem a interconexão de suas energias e reconheçam o papel transformador da compaixão, da intenção e do cuidado nas suas vidas.

# Capítulo 27
# Mudras Avançados

Os Mudras Avançados representam a confluência entre técnica e transcendência, oferecendo acesso a níveis superiores de energia, consciência e autoconhecimento. Diferentemente dos gestos mais simples e introdutórios, esses Mudras exigem uma preparação mais profunda do praticante, envolvendo não apenas o domínio técnico, mas também uma mente disciplinada e um coração aberto. Eles são projetados para atuar em camadas mais sutis do ser, estimulando transformações internas e promovendo uma conexão mais íntima com a energia universal e as dimensões espirituais.

Ao realizar Mudras Avançados, o praticante trabalha com forças poderosas que influenciam não apenas o bem-estar físico, mas também os padrões emocionais e espirituais. Essa prática pode catalisar mudanças significativas, como o alinhamento dos chakras, a ativação da energia Kundalini e o desbloqueio de potencialidades latentes. No entanto, ela exige dedicação e paciência, já que os efeitos não são apenas imediatos, mas também cumulativos, à medida que o praticante se torna mais sensível e receptivo às energias sutis que os Mudras canalizam e intensificam.

Esses gestos não apenas simbolizam uma ação espiritual, mas também configuram uma linguagem energética que dialoga com o cosmos. Cada Mudra Avançado, ao ser realizado com intenção clara e consciência plena, se torna uma ponte entre o mundo físico e o espiritual, ajudando o praticante a acessar estados elevados de percepção. Com a prática constante e o respeito por seu poder, os Mudras Avançados revelam o infinito potencial humano para cura, iluminação e integração com o todo.

Os Mudras Avançados transcendem a simplicidade dos gestos iniciais e conduzem o praticante a uma dimensão de profundidade energética e espiritual que exige mais do que técnica; requer a integração de mente, corpo e alma em perfeita harmonia. Esses gestos são como portais que abrem acesso a níveis mais sutis de existência, convidando o praticante a explorar os vastos campos da consciência universal e a despertar potenciais latentes que repousam nas camadas mais profundas do ser. Eles não apenas facilitam o fluxo de energia, mas também provocam transformações internas significativas, agindo como catalisadores de mudanças que vão além do físico, alcançando o emocional e o espiritual.

A prática dos Mudras Avançados começa com a compreensão de que cada gesto é mais do que uma posição das mãos ou do corpo; é uma manifestação intencional de energia, uma linguagem simbólica que dialoga diretamente com o cosmos. Ao realizar gestos como o Maha Mudra, o Viparita Karani Mudra, o Shambhavi Mudra ou o Khechari Mudra, o praticante mergulha em uma experiência de alinhamento profundo com o fluxo energético universal. O Maha Mudra, por exemplo, exige uma postura específica que não só ativa a energia Kundalini, mas também promove uma purificação interna que abre caminho para um crescimento espiritual genuíno. Já o Viparita Karani Mudra, com suas pernas elevadas e mente aquietada, atua como um bálsamo para o corpo e a alma, proporcionando alívio e rejuvenescimento. Cada Mudra tem seu propósito e impacto únicos, mas todos compartilham a capacidade de conectar o praticante com dimensões superiores de sua própria existência.

No entanto, esses gestos poderosos vêm acompanhados de uma responsabilidade que não pode ser subestimada. Para mergulhar na prática dos Mudras Avançados, é necessário mais do que curiosidade ou interesse passageiro; é preciso compromisso, respeito e preparação cuidadosa. A ativação da energia Kundalini, por exemplo, pode ser uma experiência profundamente transformadora, mas também desafiadora, caso o praticante não esteja pronto para lidar com as mudanças que ela provoca. Por isso, buscar orientação de um professor experiente é essencial. Esse guia não apenas oferece as instruções técnicas necessárias, mas também ajuda o praticante a navegar pelas nuances energéticas e espirituais que emergem durante a prática.

Cada Mudra Avançado traz consigo um conjunto de benefícios que ressoam além da prática imediata. O Shambhavi Mudra, com seu foco no ponto entre as sobrancelhas, desperta o chakra Ajna, expandindo a intuição e conectando o praticante a uma sabedoria interior que transcende o intelecto. Por outro lado, o Khechari Mudra, muitas vezes considerado um dos mais secretos e avançados, atua na glândula pineal, estimulando estados de consciência superiores e promovendo uma calma que se torna uma base para a percepção espiritual mais profunda. Esses gestos não apenas transformam o praticante individualmente, mas também impactam o ambiente ao seu redor, pois um praticante em harmonia irradia equilíbrio e serenidade que influenciam positivamente aqueles com quem ele interage.

A prática dos Mudras Avançados não é uma jornada a ser percorrida com pressa ou desatenção. Ela exige paciência e uma abertura para aprender com cada etapa do caminho. É comum que o praticante encontre desafios, pois essas práticas muitas vezes trazem à tona padrões kármicos ou bloqueios energéticos que precisam ser enfrentados e transmutados. No entanto, é precisamente ao superar esses desafios que o praticante se fortalece, adquirindo uma clareza e um equilíbrio que se refletem em todos os aspectos de sua vida. A prática regular desses Mudras, quando feita com intenção clara e reverência, transforma-se em um ritual de autodescoberta, onde cada gesto é um passo em direção à realização do potencial pleno do ser.

O ambiente em que esses Mudras são praticados também desempenha um papel crucial no processo de integração e transformação. Um espaço tranquilo, harmonioso e energeticamente limpo facilita a concentração e a conexão com as energias sutis. No entanto, o verdadeiro espaço sagrado é aquele criado pela mente e pelo coração do praticante, que, ao alinhar-se com a intenção da prática, transforma qualquer local em um templo de crescimento espiritual. A preparação interna, com práticas de respiração, meditação e purificação, é igualmente fundamental para que os benefícios dos Mudras Avançados possam ser plenamente recebidos e integrados.

Mais do que técnicas ou gestos isolados, os Mudras Avançados representam um compromisso com a evolução pessoal e espiritual. Cada gesto realizado com consciência e dedicação é uma forma de alinhar-se ao fluxo universal, permitindo que a energia circule de maneira livre e harmônica. Essa prática não é apenas uma ferramenta para alcançar estados elevados de consciência, mas também uma celebração da interconexão entre o humano e o divino. O praticante, ao explorar os profundos mistérios que esses Mudras oferecem, descobre não apenas as riquezas do universo externo, mas também a vastidão de seu próprio mundo interior.

Em última análise, a prática dos Mudras Avançados é um chamado à transcendência. Ela convida o praticante a abandonar limitações e a se entregar ao infinito potencial de sua essência. Mais do que uma busca por resultados específicos, é uma jornada de integração, onde cada gesto é uma expressão de gratidão e reverência pela vida e pelo cosmos. O praticante que se dedica a essa prática não apenas desperta para a verdade de sua própria existência, mas também se torna um farol de luz e harmonia para o mundo, espalhando os frutos de sua transformação interna para todos ao seu redor.

A jornada através dos Mudras Avançados é, ao mesmo tempo, uma exploração interna e uma celebração da interconexão com o universo. Cada gesto é um convite à autodescoberta, exigindo que o praticante não apenas domine a técnica, mas também se permita mergulhar profundamente em sua própria essência. A prática regular desses Mudras promove um estado de presença e entrega, onde a mente aquieta e a energia flui com naturalidade, guiando o praticante para uma experiência mais ampla de sua própria consciência e das forças que o cercam.

A integração dos Mudras Avançados à prática pessoal traz benefícios que transcendem a individualidade. À medida que o praticante aprofunda sua conexão com essas energias superiores, ele se torna um canal de harmonia para si mesmo e para o ambiente ao seu redor. Esse processo, além de transformar sua percepção interna, pode refletir positivamente na forma como ele interage com o mundo, cultivando um senso de equilíbrio, compaixão e responsabilidade energética.

Ao avançar nessa prática, é importante lembrar que os Mudras Avançados não são apenas ferramentas para alcançar estados elevados de consciência, mas também expressões da reverência pela vida e pelo cosmos. Cada gesto é um ato de alinhamento com o fluxo universal, uma dança entre o humano e o divino. Assim, o praticante não apenas desperta seu potencial, mas também se torna uma expressão viva da unidade entre corpo, mente, espírito e o todo maior ao qual pertence.

# Capítulo 28
# Mestre Interior

A jornada pelo universo dos Mudras nos conduz a um encontro transformador com a essência mais profunda de quem somos. Esse processo culmina no despertar do Mestre Interior, uma presença sábia e compassiva que habita dentro de cada um de nós. Ele não é algo a ser alcançado externamente, mas uma parte intrínseca do nosso ser, que se revela à medida que cultivamos a prática consciente, alinhando mente, corpo e espírito com as energias universais. Esse mestre interno é a manifestação da nossa intuição, a guia silenciosa que aponta o caminho para a plenitude, a sabedoria e o propósito de nossa existência.

A conexão com o Mestre Interior nos lembra de que somos cocriadores de nossa realidade, dotados de um imenso poder para transformar nossa experiência de vida. Por meio dos Mudras, despertamos essa capacidade latente, integrando a prática a cada aspecto da nossa rotina. Não se trata apenas de gestos, mas de um convite para viver de forma mais consciente, utilizando os Mudras como ferramentas para acessar nosso potencial mais elevado. Assim, as pequenas ações do cotidiano, como respirar, meditar ou reagir a desafios, tornam-se oportunidades para expressar nossa maestria interior.

À medida que aprofundamos essa prática, o caminho dos Mudras se transforma em um reflexo de nossa jornada de autodescoberta. Ele nos mostra que a verdadeira sabedoria não está em acumular conhecimentos externos, mas em ouvir a voz interna que nos conecta ao divino. Integrar os Mudras à vida cotidiana nos permite experimentar uma existência mais plena, onde cada momento se torna uma expressão da harmonia, da paz e da realização que nascem do reconhecimento de quem realmente somos.

O despertar do Mestre Interior é uma jornada que transcende o aprendizado teórico e técnico, conduzindo-nos à essência de quem realmente somos. Essa descoberta surge de forma gradual e silenciosa, como um sussurro da alma, à medida que cultivamos práticas conscientes e nos abrimos à escuta da intuição. Não é um ponto de chegada, mas um processo contínuo de autoconhecimento e integração. O Mestre Interior é a sabedoria inerente que reside em nosso ser, uma guia compassiva que nos orienta para viver com autenticidade, propósito e alinhamento com o fluxo universal.

Essa conexão profunda com o Mestre Interior é revelada quando reconhecemos que somos mais do que corpos físicos navegando em um mundo material. Somos seres energéticos, parte de uma vasta teia de interconexões que transcendem o tempo e o espaço. Por meio da prática dos Mudras, mergulhamos nesse campo de energia universal, despertando potenciais adormecidos e resgatando a consciência de que somos cocriadores da nossa realidade. Esses gestos, realizados com intenção e presença, tornam-se instrumentos para acessar nossa essência divina, promovendo a cura e a transformação em níveis que muitas vezes escapam à compreensão racional.

    Integrar os Mudras ao dia a dia é uma das formas mais tangíveis de vivenciar o Mestre Interior em ação. Ao iniciar o dia com um gesto que estimula a energia vital ou ao utilizar um Mudra para acalmar a mente durante momentos de estresse, estamos, na verdade, praticando a arte de viver de forma consciente. Pequenos rituais, como um Mudra antes das refeições para harmonizar o sistema digestivo ou ao final do dia para induzir um sono reparador, nos lembram de que cada instante pode ser sagrado. Nessas ações cotidianas, cultivamos a presença plena e a gratidão, dois pilares fundamentais para acessar a sabedoria que habita em nós.

    A prática contínua dos Mudras também nos desafia a cultivar a autoconsciência de forma ativa e deliberada. Cada gesto nos convida a observar nossos pensamentos, emoções e sensações, não com julgamento, mas com curiosidade e aceitação. Essa prática de atenção plena nos ajuda a identificar padrões que antes passavam despercebidos – crenças limitantes, hábitos reativos, ou tensões acumuladas no corpo. Ao reconhecê-los, ganhamos a oportunidade de escolher como queremos nos relacionar com eles, transformando essas energias estagnadas em caminhos de crescimento e renovação.

Confiar no Mestre Interior é como entregar-se ao ritmo natural da vida, sabendo que existe uma força sábia dentro de nós que sempre aponta a direção certa. Essa confiança nos permite agir com mais coragem e clareza, mesmo diante das incertezas. Ao escutarmos essa voz interna, aprendemos a interpretar os sinais sutis que a vida nos oferece, como sincronicidades ou inspirações momentâneas, e a seguir caminhos que nos alinham com nosso propósito mais elevado. Essa conexão com a sabedoria interior é fortalecida pelos Mudras, que agem como âncoras, trazendo-nos de volta ao momento presente e ao equilíbrio que ele oferece.

A jornada com os Mudras e o despertar do Mestre Interior também transformam profundamente a forma como encaramos os desafios da vida. Em vez de reagirmos de maneira impulsiva ou com medo, começamos a responder com calma e discernimento. Cada dificuldade se torna uma oportunidade de aprendizado, uma chance de refinar nossa compreensão sobre nós mesmos e sobre o mundo. O Mestre Interior nos lembra de que a verdadeira força não está em controlar o que acontece ao nosso redor, mas em manter a serenidade e a clareza diante das adversidades. Assim, mesmo os momentos mais turbulentos tornam-se portais para o crescimento e a expansão da consciência.

À medida que nos aprofundamos na prática dos Mudras e na conexão com o Mestre Interior, percebemos que essa jornada não é solitária. Cada gesto nos conecta a uma rede maior de energia e consciência, um fluxo universal que permeia todas as coisas. Isso nos ensina que nossa transformação pessoal também é um serviço ao mundo, pois a harmonia que cultivamos em nosso interior reverbera no ambiente ao nosso redor. Viver alinhado com essa consciência nos inspira a agir com mais compaixão, responsabilidade e amor, transformando nossas relações e contribuindo para um mundo mais equilibrado.

No final, o despertar do Mestre Interior nos conduz a uma vida de simplicidade e profundidade. Aprendemos a valorizar o momento presente, a honrar o sagrado em cada experiência e a reconhecer a divindade em tudo o que nos cerca. Os Mudras se tornam mais do que ferramentas de prática; eles se transformam em uma linguagem viva que expressa nossa conexão com o todo. Por meio dessa jornada, descobrimos que a verdadeira maestria não está em dominar o externo, mas em viver em harmonia com o interno – onde a essência do universo encontra a nossa própria essência. Cada gesto, cada respiração, torna-se um lembrete de que somos expressão do divino, navegando na dança eterna entre corpo, mente, espírito e cosmos.

O despertar do Mestre Interior marca um ponto de transformação profunda, onde percebemos que a verdadeira sabedoria emerge de dentro e não de fontes externas. Esse reconhecimento nos convida a confiar mais plenamente em nossa intuição e a cultivar uma presença amorosa e compassiva em todas as nossas ações. Por meio dos Mudras, encontramos uma prática que não apenas fortalece essa conexão interna, mas também nos lembra que somos partes essenciais de um todo maior, em constante harmonia com as energias universais.

A jornada com os Mudras e o contato com o Mestre Interior transformam a maneira como encaramos os desafios do cotidiano. Situações que antes pareciam insuperáveis passam a ser vistas como oportunidades para crescimento e aprendizado. A prática consciente nos ensina que não se trata de controlar as circunstâncias externas, mas de alinhar nossas respostas a elas com o equilíbrio e a clareza que vêm do autoconhecimento. Cada gesto, por mais simples que seja, se torna um lembrete desse poder interno, uma âncora que nos mantém conectados ao momento presente.

Ao abraçarmos essa integração entre o físico e o espiritual, somos conduzidos a uma vida mais plena e significativa. O Mestre Interior, sempre presente, nos incentiva a viver de forma autêntica e alinhada com nossos valores mais profundos. Por meio da prática dos Mudras, nos tornamos participantes conscientes da dança universal, capazes de acessar a serenidade, a sabedoria e o amor que existem em nosso núcleo. Assim, a vida se revela como um fluxo harmonioso, no qual cada instante é uma expressão do divino dentro e fora de nós.

# Epílogo

Ao fechar este livro, você não encerra uma leitura, mas dá início a uma nova etapa de sua jornada. Cada gesto aprendido, cada conceito assimilado e cada prática experimentada são sementes plantadas em solo fértil – o solo da sua consciência. Agora, é o momento de nutrir essas sementes, permitindo que floresçam em atos, intenções e transformações.

Os Mudras, com toda a sua simplicidade aparente, revelaram-se portais para algo muito maior. Eles são lembretes de que o extraordinário está presente em todos os aspectos da vida, esperando apenas por nossa atenção consciente. A energia vital que pulsa em cada um de nós, tão essencial quanto o ar que respiramos, não é mais um mistério distante. Ao longo destas páginas, você encontrou ferramentas práticas e reflexões profundas para acessá-la e harmonizá-la.

Reflita por um instante sobre as mudanças sutis – ou talvez grandiosas – que você já sentiu. A conexão mais forte com sua respiração, a clareza ao navegar pelas emoções, o poder de um gesto simples que traz calma em meio ao caos. Estas não são meras coincidências, mas o despertar de um potencial que sempre esteve presente, aguardando para ser acessado.

O que você fará com esse conhecimento é agora parte de sua história. Permita-se explorar ainda mais. Experimente os Mudras como companheiros em sua prática espiritual, como aliados em momentos de desafio e como lembretes silenciosos de sua força interior. Lembre-se de que o equilíbrio é um processo contínuo, uma dança entre o físico e o sutil, entre o interno e o externo.

E, acima de tudo, mantenha o coração aberto ao aprendizado constante. Assim como o universo está em constante expansão, você também é chamado a crescer, transformar-se e descobrir novas dimensões de si mesmo. Os Mudras são uma ponte – uma que você pode atravessar sempre que desejar reconectar-se com sua essência.

Ao encerrar estas páginas, lembre-se: cada gesto é uma afirmação de que você é parte de algo vasto e magnífico. Cada respiração consciente é um passo em direção ao bem-estar. E cada momento de prática é uma celebração do poder que habita em suas mãos.

Siga em frente com confiança e gratidão. O conhecimento que você encontrou aqui é um presente, e sua jornada está apenas começando.

Com inspiração e desejo de luz em seu caminho.

www.ingramcontent.com/pod-product-compliance
Lightning Source LLC
LaVergne TN
LVHW041945070526
838199LV00051BA/2911